聆听大师\经典珍藏版

听王国维谈国学

袁小兵\著

中国华侨出版社

图书在版编目（CIP）数据

听王国维谈国学 / 袁小兵著 .—北京：中国华侨出版社，2016.10

ISBN 978-7-5113-6369-5

Ⅰ.①听… Ⅱ.①袁… Ⅲ.①国学－通俗读物 Ⅳ.① Z126-49

中国版本图书馆 CIP 数据核字（2016）第 237817 号

听王国维谈国学

著　　者 / 袁小兵
责任编辑 / 文　喆
责任校对 / 高晓华
经　　销 / 新华书店
开　　本 / 670 毫米 ×960 毫米　1/16　印张 /19　字数 /220 千字
印　　刷 / 北京建泰印刷有限公司
版　　次 / 2017 年 1 月第 1 版　2017 年 1 月第 1 次印刷
书　　号 / ISBN 978-7-5113-6369-5
定　　价 / 36.00 元

中国华侨出版社　北京市朝阳区静安里 26 号通成达大厦 3 层　邮编：100028

法律顾问：陈鹰律师事务所

编辑部：（010）64443056　　64443979

发行部：（010）64443051　　传真：（010）64439708

网　址：www.oveaschin.com

E-mail：oveaschin@sina.com

前　言

王国维初名国桢，字静安，亦字伯隅，初号礼堂，晚号观堂，又号永观，1877 年 12 月 3 日生于浙江海宁市盐官镇双仁巷，被誉为“中国近三百年来学术的结束人，最近八十年来学术的开创者”。

王氏家族的先世祖籍开封，《宋史》中便记载了王氏先世王圭、王光祖的事迹。王圭、王光祖、王禀、王荀四世均有赫赫战功，靖康元年（1126），王禀于太原抵抗金兵，守城御敌而殉国，王禀之孙王沆随宋高宗南渡，袭安化王爵，赐第盐官，从此王氏一族就在此定居了。到王国维的父亲王乃誉，已是宋安化郡王三十二世裔孙。王国维对自己的家世也深感自豪，撰有《补家谱忠壮公传》。

王国维的童年和青少年时期主要是在海宁故乡度过的。王国维 4 岁时，母亲去世，他和姐姐蕴玉的生活主要由叔祖母照顾，而他的教育则主要受父亲王乃誉的影响。王乃誉博学多才，对书画、篆刻、诗古文辞都很有兴趣，治学精进不穷。生活在这样一个富有文化氛围的家庭里，王国维从小就受到了很好的文化熏陶。1883 年，7 岁的王国维，先后入邻塾受潘紫贵及陈寿田先生教诲，并在父亲王乃誉的指导下博览群书，对传统文化涉猎广泛，并初步接触到近代先进的科学知识和维新思想。

1894 年甲午战争以后，大量的西方文化科学传入中国，新的文化和思想，令年轻的王国维产生了追求新学的强烈愿望。虽然因为家贫而不能以资供其外出游学，但他仍关心时事，研读外洋政书和《盛世危言》《时务报》《格致汇编》等宣传新思想的出版物，到了 1897 年，他在同邑陈枚肃家任塾师时，并不满足于在家乡为人作家庭教师，由其父为之请人推荐留洋学堂，此时的王国维开始向往出国留学。

1898 年，22 岁的王国维到上海求学，接触到了更多的新思想新文化，1900 年 12 月赴日本东京物理学校学习。从 1898 年至 1906 年，王国维主要的研究方向是哲学，他将康德、叔本华、尼采等哲学思想，结合我国传统的先秦诸子及宋代理学一起研究。他把这一时期称为，“兼通世界之学术”之“独学”时期。

1911 年辛亥革命后，清政府倒台，王国维携全家随罗振玉东渡日本，侨居四年有余。在此期间，他与日本学者广泛交流，学力更加精进。这一时期，他的生活颇为安定，学术方面也颇有成就，他自述此间的“生活最为简单，而学问则变化滋甚。成书之多，为一生冠”。

1923 年春，王国维经多罗特氏·升允举荐，到北京充任逊帝溥仪的南书房行走。依照清朝惯例，能够在南书房工作的应是进士、翰林以上且学问渊博的著名人士。王国维当时虽在学界颇有名望，但只是布衣出身。在南书房工作期间，王国维有幸窥得大内所藏，曾检理景阳宫藏书。次年冬，冯玉祥发动“北京政变”，溥仪被赶出了紫禁城。末代皇帝的遭遇被王国维视为奇耻大辱，愤而与罗振玉等前清遗老相约投金水河殉清，因被家人阻止而未果。

1925年，胡适等人邀请王国维担任新成立的清华大学国学研究院院长。王国维推辞了院长的职位，仅任教职，讲授《古史新证》及《说文》《尚书》等课程，与梁启超、陈寅恪、赵元任、李济被称为清华五大导师。王国维以自己精深的学识、笃实的学风、科学的治学方法和朴素的生活影响了清华学人，培养和造就了一批文字学、历史学、考古学方面的专家学者。然而在他学术生命的顶峰，却选择离开人世。

1927年6月2日，国民革命军北上，王国维留下“经此世变，义无再辱”的遗书，自沉于颐和园鱼藻轩昆明湖，为国学史留下了最具悲剧色彩的“谜案”。

王国维治学治一门，通一门，且能以自己的真知灼见，做出超越前人和时代的贡献，他先后在哲学、文学、戏曲史、甲骨古文、古器物、商周史、汉晋木简、汉魏碑刻、汉唐史、敦煌文献及西北地理、蒙古史、元史、图书管理学、版本目录学等多个学科的研究中取得重大成就。王国维学术思想和成就在国内外学术界都有巨大影响，享有国际盛誉，“是我国近代史上一位以通人之资，成专家之业的思想家、大学者”。尽管他离开我们已经许久，但他的智慧与精神却是永不褪色的。

目录

第一章 词以境界为最上
Chapter1
——读王国维《人间词话·上卷》

第二章 Chapter2 言气质、神韵不如言境界
——读王国维《人间词话·下卷》

第三章 Chapter3 可爱不可信，可信不可爱
——读王国维《静安文集》

第四章 Chapter4 美之为物，一曰优美，一曰壮美——读王国维《红楼梦评论》

第五章 补三朝之志所不敢言
Chapter5 ——读王国维《宋元戏曲考》

第六章 究天人之际，察古今之变
Chapter6 ——读王国维《观堂集林》

第七章 Chapter7 上古之事，纸上之材料与地下之材料的二重佐证——读王国维《考古学文辑》

第一章

词以境界为最上

——读王国维《人间词话·上卷》

“境界”说是王国维美学思想的核心内容，也是他衡量文学作品优劣的重要标准。王国维在《人间词话》的开篇便点出了“境界”这一概念:“词以境界为最上。有境界，则自成高格，自有名句。五代、北宋之词所以独绝者在此。”并且对这样的理论十分自负:“然沧浪所谓‘兴趣’，阮亭所谓‘神韵’，犹不过道其面目，不若鄙人拈出‘境界’二字为探其本也。”那么，究竟何谓“境界”呢?

谈词：词以境界为最上

王国维在《人间词话》的开篇首句即抛出“词以境界为最上”的观点，他以此为中心，结合唐五代北宋词和西方美学思想，来建构自己的文艺美学理论体系。然而“境界”说并非王国维首创。

“境界”与古代文论中的“意境”属于一类，古典美学专家曾祖荫先生认为，这一理论范畴的发展大致可分为三个时期：一是先秦至魏晋南北朝的孕育期；二是唐宋年间的提出和形成期；三是明清至近代以来的深入发展期。王国维作为中国古代文论的终结者和现代文论的开启者，不仅总结了中国古代诗学中“意境”，而且开启了现代文论的新方法，被许多后世学者赞为中国学术研究实现现代转型的第一人。

《人间词话》对《文心雕龙》的承革扬弃

说到古代文论，就绝不能避开刘勰的《文心雕龙》，这部巨著不仅总结了隋唐以前的诗学文论，同时也拉开了唐宋以降文论美学的帷幕，特别是其中的《隐秀》篇，对先秦、秦汉以来的“意象”论进行了总结。刘勰的《文心雕龙》和王国维的《人间词话》在某种程度上说是相似的，都处在承上启下的位置，二者具有诸多可比性。

“隐”历来是中国古代文论和美学体系中的重要范畴，也是《文心雕龙》中的核心概念。在《文心雕龙》中，刘勰提出了一系列具有辩证关系的美学范畴，如“文道”“心物”“体性”“情采”“比兴”“隐秀”等概念，它们辩证统一、相辅相成，但刘勰在论述中还是有所侧重的。在谈“比兴”时，刘勰明显更推崇“兴”，因为“比显而兴隐”，可见刘勰对“隐”的青睐。《隐秀》篇也是如此。在这一篇中，刘勰对“隐”下了这样几点的定义：“隐也者，文外之重旨者也”，“隐以复义为工”；“夫隐之为体，义生文外”；“深文隐蔚，余味曲包”，“秘响旁通，伏采潜发，譬爻象之变互体，川渎之韫珠玉也。故互体变爻而化成四象；珠玉潜水，而澜表方圆”，“辞生互体，有似变爻”，“并思合而自逢，非研虑之所求也”；“或有晦塞为深，虽奥非隐”；“故自然会妙，譬卉木之耀英华”。“文外”“重旨”“复义”三个关键词是要格外注意的。这种“文外之重旨”和“复义”与王国维的“境界说”是一脉相承的。

王国维先说：“词以境界为最上。有境界则自成高格，自有名句。”又阐释说：“境非独谓景物也。喜怒哀乐，亦人心中之一境界。故能写真景物、真感情者，谓之有境界。否则谓之无境界。”然而王国维并没有对“境界”这一概念做出严格的界定，导致学术界对其内涵和外延产生分歧，但其核心仍然是我国诗学范畴中直感型“景—情”诗学模式，而非象征型“象—意”诗学模式。

《文心雕龙》是我国古代诗学领域承上启下的巨著，不仅在《隐秀》篇总结了先秦两汉以来的诗学意象论思想，还在《物色》篇中为“意境”理论建立了基本框架。

《物色》篇首先集中论述了抒情诗的创作原理，之后围绕着抒情诗的关键因素——“情”与“物”进行阐释，并对“情”与“物”进行了具体描述和界定。如“情”包括“悦豫之情”“郁陶之心”“阴沉之志”“矜肃之虑”等。所谓的情是指生活化的情感，是对悲欢离合、得失荣辱的感触，与政治教化、圣人之旨、微言大义是截然不同的。“物”的内容就更加分丰富了，像“献岁发春”“滔滔孟夏”“天高气清”“霰雪无垠”“清风与明月同夜”“白日与春林共朝”“山沓水匝，树杂云合”“春日迟迟，秋风飒飒”等都是。“情”“物”在创作过程中相互引发相互交融，“情以物迁，辞以情发”“目既往还，心亦吐纳”“情往似赠，兴来如答”。

然而，王国维的境界说也有自己崭新、独特的内容。《文心雕龙》中的《隐秀》篇和《物色》篇堪称程碑式的作品，王国维的“境界说”，同样可称为唐宋以降诗学范畴“意境”理论的总结者和集大成者。叶嘉莹在《王国维及其文学批评》中认为，“境界”一词的出现与佛家经典中的“六根”“六识”“六境”之说有关，只有由眼、耳、鼻、舌、身、意六根所具备的六识的功能而感知到色、声、香、味、触、法等六种感受才能被称为境界。所以，所谓“境界”对就是真景物、真情感的感受。

境界的有无，即“真”与“不真”的区别

王国维的“境界说”对“寓情于景”“情景交融”“意与境浑”“意境两忘，物我一体”是特别加以强调的。王国维认为所谓有“境界”，就是把逼真传神的写景与真诚真切的抒情统一起来，所以他主张表现真情实感，比如：追求真情实感反对虚情假意；追求形神兼备，反对只求形似；推崇自然本色，反对人工雕琢；注重人品修养，反对格调低下。

除了对真感情和真景物“情景交融”的强调之外，王国维还特别推崇“语语如在目前”，认为只有言情真切、写景鲜明、言辞自然的作品才是有境界的作品。这也就是叔本华所说的“直观”。

用最直接最自然的语言抒发最直接的感情，用典、美刺、隶事统统不必。所以王国维非常推崇冯延巳、李煜、纳兰性德等人，认为他们

有着“赤子之心”，他们的作品是“血书”，是“以自然之眼观物，以自然之舌言情”，是有境界的。

虽然王国维也认为姜夔的词“格调高绝”，但会给人“隔雾看花、终隔一层”的感觉，其根本原因在于不重视意境的创造。姜夔抒发的是个人的情感思绪，既没有李煜国破家亡的深切痛苦，也没有秦观对自己凄凉身世的愤懑之情。姜夔的情感只能算浅愁薄恨，描写景物又不够鲜明逼真，所以只能给人朦胧迷离的感觉。

有“真”才有境界，失去“真”便失去境界，有“真”才有生命力，失去“真”便沦为“羔雁之具”，这对我们今天的文艺创作仍有指导作用。

谈境界：造境与写境

关于意境的审美形态，最早探讨这个问题的是唐代的王昌龄，他将境界分为三种类型——物境、情境、意境。后来也一直有人在探讨意境的分类，如晚唐的司空图、宋代的严羽、明代的张世文、清代的刘熙载等。近代对意境形态进行理论探讨的学者中，首推王国维，其成就与影响都是最大的。

王国维从创作原则上讲意境分为造境与写境，“有造境，有写境，此理想与写实二派之所由分。然二者颇难分别。因大诗人所造之境必合乎自然，所写之境亦必邻于理想故也。”可见造境与写境的区别，是由不同的艺术创作原则造成的。在真的前提下，写实家着重描写“自然之物”，而理想家则在“自然之物”的基础上按照自己的理想进行艺术加工。王国维将境界分为造境与写境，这样的区分比前人更加合理也更加科学。这不仅是对中国文学的总结，也符合世界文学的普遍规律。

造境亦要遵从自然之法

所谓造境，是虚构之境，但“其材料必求之于自然，而其构造，亦必从自然之法则”。“造境”是想象和联想得到了充分的发挥与自由的驰骋，主要侧重于对内心情感与理想进行真切感人的抒发和表达，着重突出“情”。

王国维说：“有造境，有写境，此理想与写实二派之所由分。然二者颇难分别，因大诗人所造之境必合乎自然，所写之境亦必邻于理想故也。”“大诗人所造之境”是王国维极力推崇的，因为“大诗人所造之境必合乎自然，所写之境亦必邻于理想故也。”做到了“自然”与“理想”的统一，使“写境”与“造境”得到了完美的融合，也意味着“景”与“情”是和谐统一的。

深受王国维喜爱的南唐后主李煜，就是一位造境的高手。以其著名的作品《虞美人》为例，李煜怀着深深的亡国之痛，寄情于景，情随物感，物因情迁，“以我观物”自然“物皆着我之色彩”。“春花秋月”这样浪漫的景物在李煜看来只剩下了无奈，“小楼”“东风”“月明”只能勾起了他不堪回首的情绪，“一江春水向东流”则成了他绵绵无尽的哀愁的体现。这样的景物是“情中景”，带有作者强烈的主观色彩。

造境中的情务必要真，王国维对李煜亡国后的作品极力赞赏，正是因为情真，“词至李后主而眼界始大，感慨遂深，遂变伶工之词而为士大夫之词”。

写境亦要性情真

写境侧重于以写实的方式反映客观现实和主体情感，对“真”的要求更为突出，真景物与真感情缺一不可。在王国维看来“词人之忠实，不独对人事宜然，即对一草一木，亦须有忠实之意”，否则就成了应酬之作。

王国维对杜甫的写境是极为赞赏的，认为杜甫的诗作“即物深致，无细不章”。王国维看重的境界并不是一味追求雄浑广阔，他说“境界有大小，不以是而分优劣。‘细雨鱼儿出，微风燕子斜’何遽不若‘落日照大旗，马鸣风萧萧’。‘宝帘闲挂小银钩’何遽不若‘雾失楼台，月迷津渡’也”。杜甫作品中少有雄浑的意象，但普通常见的景物也能体现出充满力量之美的“真”。

除了真景物，真性情也是极为重要的，写出真性情才能体现出境界。所谓写出真性情，就是要抛开政治与社会的影响，忘却生存竞争的杂念，单纯地对“自己之情感及所观察之事物而摹写之，咏叹之”。陶渊明的《归园田居》正是这样情真意切的代表，作者通过对客观事物的真实描写，表达了自己对田园山水的热爱。用不假雕饰的淳朴语言描绘出犬吠鸡鸣的乡村生活，他那“复得返自然”的心情一下便被读者接收到了。如果不是真正喜欢田园生活，陶渊明绝写不出这样自然亲切的诗篇。由此可见，真切的感触也是诗人写出境界的必要条件。

王国维说：“文学中有二元质焉：曰景、曰情”，前者是客观的，后者是主观的，在写景时因为要“忠实”，所以作者描绘的景物一定要让读者看得出客观性。此外，作者的关照方式也应当是客观的。写境的关照方式在于“以物观物，故不知何者为我，何者为物”。前面的物是说审美静观中的主体，后面一个物则是审美静观的对象。叔本华在《作为意志和表象的世界》曾说：“在审美的静观方式中，我们已经发现两个不可分割的组成部分：客体的知识，不是作为个别事物，而是作为柏拉图式的理念，即作为该事物全体族类的永恒形式；和观照者的自我意识，不是作为个人，而是作为纯粹的无意识的认识主体。”在审美静观中，因为丧失了自我意识而成了“物”，艺术家便与物达到了泯然合一的状态，这样一来，其笔下的文字也就具有了客观性。

诚然，任何自然的景物一旦进入艺术创作，便会带有创作者的主观色彩，纯粹的客观在艺术世界中是不存在的。写境中的客观事物同样是经过主体心灵化的了，作为一个审美观照的对象，同样包含主体对生活态度，只是将主观情感态度融汇在客观再现中。作者不把自己的体会、想法直接抒发出来，而是通过对景物的描绘，来让欣赏者自己体会。就像福楼拜说的那样，“艺术家不应在他的作品里露面，就像上帝不该在生活里露面一样”。

造境与写境，因为创作方法不同而各具审美特征，但绝不是相互孤立的，而是有所联系的。基于意境说，王国维不赞成把这两种创作方法对立起来，而将其统一到意境这个大的评价标准上去，无论什么流派的创作都是来源于自然与人生的，都必须以“意境为上”。王国维所说的“因大诗人所造之境必合乎自然，所写之境亦必邻于理想故也”，意思是，写境中有理想的表现，造境中亦有自然的再现。王国维的整个文艺思想体系，都脱离不了意境说，他主张人为文学之本，将情思注入文艺，才是美的。人与外界的统一和对话形式，也全在于人的思想情感与世界统一的程度，而意境的好坏，就要看这统一的技巧高明与否了。

谈气象：
太白纯以气象胜

《人间词话》中的“气象”概念并不像“境界”那样引人重视，但在《人间词话》中所占的篇幅却不少。在王国维之前，并非没有“气象”的概念，但多将“气”“象”分别讨论，也没有将“气象”与境界论联系起来分析。

一般认为，将“气”的概念引入文学批评领域的是曹丕的《典论·论文》，此时的“气”不再只是人的生命力，更多是指生命力在创作中的体现，也就是作者精神面貌的表现。“象”在中国传统哲学中，是一个重要的理论范畴，《老子》说：“道之为物，惟恍惟惚，惚兮恍兮，其中有象，恍兮惚兮，其中有物。”道是宇宙的本体，它通过恍恍惚惚的运动变化才生出万物，变化运动的能量来源于气，在由道生物的过程中有一个重要的环节，这便是“象”。“气象”本指“天象”，后来才成为为批评术语，这个词发展到王国维的时代已基本成熟，但王国维却赋予了它不同于传统的新概念。

气象与境界

太白词纯以气象胜。“西风残照，汉家陵阙”，寥寥八字，遂关千古登临之口。后世唯范文正公之《渔家傲》、夏英公之《喜迁莺》，差足继武，然气象已不逮矣。

王国维在《人间词话》中对李白评价甚高，尤其在气象这一点上，北宋词人范仲淹与夏竦虽都是当时的名家，但根本无法与李白相提并论。“西风残照，汉家陵阙”出自李白的名篇《忆秦娥》：

箫声咽，秦娥梦断秦楼月。秦楼月，年年柳色，灞陵伤别。

乐游原上清秋节，咸阳古道音尘绝。音尘绝，西风残照，汉家陵阙。

上阕中，美人梦断秦楼之时，正伴随着凄清的月色与悲咽的箫声，不由得伤别之情再上心头。但在下阙却将笔锋一转，虽以乐游原上昔日盛况起笔，但次句“咸阳古道音尘绝”陡然间只剩下孤寂的古道，让人更加感伤。而最后一句“西风残照，汉家陵阙”雄浑悲壮，虽然没提一个悲字，却令人不禁悲从中来，区区八个字便构建了一个极富张力的意象。范仲淹的《渔家傲》中最具代表性的一句是：“千嶂里，长烟落日孤城闭。”夏竦的名句则是：“夜凉银汉截天流，宫阙锁清秋。”

李、范、夏三人的作品都是怀古的抒情写景之作，李白的“西风残照，汉家陵阙”表现出了时间、空间的变换，其境界凄婉、淡然，更表现出了诗人的超脱，透过文字迎面给人一股浩然之气。范仲淹的作品虽然也有时间、空间，但它所表达的仅仅是孤独、悲凉，而夏竦的表达则不够真。范、夏二人之所以“气象不逮”是因为他们都缺乏超脱的精神，这不仅是作品的问题，更是作者本身的问题。“气”是连接作者和外物的纽带，是作品的生命，所以可将“气象”看作诗人生命力在作品中的显现。

王国维将境界分为“有我之境”和“无我之境”，分析出了优美和壮美，从创作原则上区分则有“写境”和“造境”，“气象”则是同时基于质和量两个方面考察境界而产生的概念。气象可以说是境界的创造者，因为诗人自己的精神会在境界中体现，并影响到整个艺术作品的风格。

气象与修养

王国维强调作品中的境界依赖创作主体的精神风貌，这同中国传统的将人品与诗品结合起来的理论是一致的，所以重“气象”便要重“修养”。

王国维认为，“主观之诗人，不必多阅世”，所谓不必多阅世，并不是说要脱离生活现实，而是指创作者不要深陷在世事纷扰中，而且对人生的体验越深刻越广泛越好。“词至李后主而眼界始大，感慨遂深，遂变伶工之词而为士大夫之词”就是这样的。眼界大、感慨深是以其“赤子之心”体验人生的结果，一个过于世俗的人必然会失去赤子之心，其眼界自然也就有所局限，即便发出感慨也只能是俗人的感慨。王国维认为伶工之词不如士大夫之词有境界，并不是因为伶工社会地位低，而是因为伶工们填词是为了生计，而士大夫不为生活所累则比较容易保持其赤子之心。

一个人会因为陷入生活而追逐名利而丢失了自己的赤子之心，李煜这样的人毕竟只是极少数，大部分人难免为生活所累，都不同程度地令赤子之心蒙尘。于是，他们就必须通过“修养”来超越生活中的“我”，令自己恢复赤子之心。因此王国维说：“教育不足以造英雄与天才，而英雄天才自不可无陶冶之教育。”

李白 15 岁时开始接受道家思想的影响，好剑术，喜任侠，18 岁时隐居戴天大匡山读书，先后出游江油、剑阁、梓州等地，增长了不少阅历与见闻，后来又结识了孟浩然、贺知章等当时的名家，作品颇受世人赞誉，终于获得玄宗垂青。44 岁那年，李白来到洛阳，遇到了比自己小十余岁的杜甫。当时的李白已是名满天下的大诗人，而杜甫尚不得志。玄宗呼之不上朝、令高力士脱靴的李白，在年轻的杜甫面前毫无倨傲，两位中国最伟大的诗人从此建立起深厚的友谊。

李白终其一生都在以天真的赤子之心讴歌人生，有着奔放的激情与豪侠的气概。抒发政治抱负时，他自信昂扬地说“高谈百战术，郁作万夫雄”，表达了自己“济苍生”“安社稷”的理想；他热爱祖国的大好山河，壮丽山河在他的描绘下更显气势磅礴；他寻仙问道，渴望亲近自然、融入自然，道教文化又给他插上了神游四方想象的翅膀，使他的诗歌更具浪漫色彩。

李白继承了陈子昂的文学主张，以恢复诗骚传统为己任，他崇尚“清真”，鄙视“雕虫丧天真”，他的诗句有的清新如同口语，有的豪放不拘声律，但都统一在自然之美的范畴中。李白是盛唐文化孕育出来的天才，他的境界、气象是别人难以企及的。

谈“秀”：句秀，骨秀，神秀

王国维的“句秀”“骨秀”“神秀”，分别是对温庭筠、韦庄、李煜三人之词的评价。在比较中见异同、见差距，是王国维常用的撰述思路。无论是温庭筠、韦庄，还是李煜，都有各自的名篇、名句，这是王国维可以将三人相提并论的前提所在。按照刘勰《文心雕龙·隐秀》中所说的“秀也者，篇中之独拔者也”“秀以卓绝为巧”，这三人的确称得上“秀”。“句秀”“骨秀”“神秀”呈递进之势，句秀胜在形式、表象，骨秀胜在实质、本真，神秀则是神韵、气象之胜。句秀、骨秀已属不易，神秀就愈发难能可贵了。

温飞卿之词，句秀也

温庭筠，字飞卿，诗词俱佳，以词著称，被誉为花间词派鼻祖。他是第一位专注于“倚声填词”的诗人，其词多写花间月下、闺情绮怨，词风绮艳香软，对五代以后词的大发展起了很强的推动作用。

词与音乐、舞蹈完美结合才能更加展现出独特的艺术魅力。温庭筠精通音律，他的词天然便具有韵律感，使读者读来朗朗上口，同时，炼字的精巧也使语言更加唯美。温词常采用鸳鸯、鹧鸪等雌雄双栖的鸟类与美人雍容富丽的独居生活相结合，极具语言艺术。以其名作《菩萨蛮》为例：

小山重叠金明灭，鬓云欲度香腮雪。懒起画娥眉，弄妆梳洗迟。

照花前后镜，花面交相映。新帖绣罗襦，双双金鹧鸪。

温庭筠的词描摹极为细腻，但多为静态，似乎格外专注于那一瞬间的美感。这首《菩萨蛮》亦如此。绘着山水景致的屏风曲折地摆放在窗前，透过清晨的缕缕阳光照射出斑驳的影子。一般来讲，生活在封建家庭中的女人是不可以睡懒觉的，可词中的这位美人却“懒起画娥眉”，可见是独居。再看房间内的“新帖绣罗襦，双双金鹧鸪”，可见这位美人家中的经济条件是不错的。一句“鬓云欲度香腮雪”，温庭筠将嗅觉与视觉效果相结合，以此来表现美人的动态之美。“香”，用嗅觉感受形容美人的脂粉之美，“腮雪”则写尽了美人的肌肤之美，一个“度”字又将静态美完美地转变为动态美。“懒起画蛾眉，弄妆梳洗迟”，一方面表达了美人独居的境况，描绘了虽然富贵却孤独的氛围，另一方面又给读者留下无限的想象空间去揣摩美人的心理。一个“弄”字用的极为巧妙，细腻地表现了梳妆的自然与娴熟。尽管被独居的孤独与寂寞包围，尽管美丽的容颜无人欣赏，但她仍然对自己的生活充满热情，于是“照花前后镜，花面交相映”。

温庭筠的词表面上富丽浓艳，通过描写雍容华贵的美人却生活在寂寥中，表达了自身孤独苦闷的内心感受。

韦端己之词，骨秀也

韦庄，字端己，与温庭筠同样是诗词俱佳的，在唐末诗坛上有着重要地位。他前逢黄巢农民大起义，后遇藩镇割据大混战，自称“平生志业匡尧舜”，他诗作反映了唐末动荡的社会现实，表达了对战乱中人民所遭受苦难的同情。韦庄诗格的代表作是长篇叙事诗《秦妇吟》。诗中通过一位从长安逃难出来的女子即“秦妇”的叙说，正面描写黄巢起义军攻占长安、称帝建国，与唐军反复争夺长安以及最后城中被围绝粮的情形。他一方面痛恨起义军的暴行，另一方面对统治阶级的仓皇失措和腐败无能大力谴责。它选择典型的情节和场面，运用铺叙而有层次的手法，来反映重大历史事件的复杂矛盾，布局谨严，脉络分明，标志着中国诗歌叙事艺术的发展。

韦庄与温庭筠又同是花间词派中成就较高的词人，与温庭筠并称温韦。温、韦词在内容上差别并不大，主要围绕着是男欢女爱、离愁别恨等，但温词主要是供歌伎演唱的歌词，创作个性不鲜明；韦词则更注重抒发作者的情感的，在风格上也不像温词那样浓艳华美，善于用清新流畅的白描来表达真挚、深沉的情感。

对于王国维“骨秀”的评价，叶嘉莹解释说：“端已词之所谓‘骨秀’，则当是指其本质上的内容情意真挚之美而言，至于辞藻，一方面则端已词但以本色自然为美，绝不同于飞卿词之藻绘修饰，故称之为‘情深语秀’而以‘弦上黄莺语’拟之，不过端已之以情意真挚之本质取胜者，虽曰‘骨秀’，然而其情意却又不免过于落实。”就像人体结构一样，“骨秀”就是支撑文章的本质，“句秀”就相当于附着在骨架上的填充物，而“神秀”则是精神内核。

李重光之词，神秀也

李煜，字重光，是一个失败的统治者，却是一个成功的词人。李煜词学成就极高，在唐后期的词坛享有盛名。王国维在《人间词话》中说：“词至李后主而眼界始大，感慨遂深，遂变伶工之词而为士大夫之词。”叶嘉莹又对王国维的说法做了更具体解读：“至于李后主词则其眼界之大，感慨之深，以及气象至广远，有时竟然可以不为其所写之现实情意所局限。而有着以经神之生动飞扬涵盖一切之意，故曰：‘神秀’也。所以按照《人间词话》的例证来看，则所谓‘句秀’当是指词句藻饰之美。所谓‘骨秀’是指情意本质之美。而所谓‘神秀’则实指精神之飞扬足以超越现实而涵盖一切的一种美。”

以他的名篇《乌夜啼》为例：

无言独上西楼，月如钩。寂寞梧桐深院，锁清秋。

剪不断，理还乱，是离愁。别是一番滋味，在心头。

这首词是李煜亡国后被囚禁的期间所作，作为一代君王，亡国自然是人生中最大的伤痛，而且无法与人倾诉。他“无言独上西楼”，看到挂在夜空中的新月，无限的感伤更深一层。亡国后的囚禁生活屈辱而惶恐，心中对故土的思念更深，由此引发无限的悲愁。“剪不断，理还乱，是离愁。”离愁欲断还连，欲理却找不到头绪，犹如一团乱麻，心中五味杂陈。整首词无比喻、不雕饰，将一个“愁”字表达得淋漓尽致。

李煜之词既有温、韦之“秀”，又有创新与发展，只用简单的词句就能令读者对词人的情感感同身受，而又不失品质与意蕴，这样的境界温、韦是比不了的。“句秀”“骨秀”和“神秀”，三者层层递进，境界逐步深入，各有所长，但“神秀”的艺术境界最佳。

谈李后主词：
变伶工之词而为士大夫之词

王国维对李煜评价甚高，绝大多数学者对此也都是认同的。李煜一生经历了几个不同的时期，各个时期的遭遇都对他产生过重大影响，他生活几个时期的特征非常明显，因此不同阶段的作品也大不相同。李煜能变“伶工词”为“士大夫词”，与他独特的生活经历，以及把生命献给艺术的精神是分不开的。

西蜀词与南唐词

所谓“伶工词”，就是作者依一定乐律填词，然后交给伶人去演唱的作品，内容多为男欢女爱、纵情淫乐，风格柔媚浮华、缠绵悱恻，根本没有多少真情实感。纵观五代词坛，大都被“伶工词”占据。五代词主要有西蜀和南唐两个词派。

西蜀词派以温庭筠为首，以《花间集》为代表。五代时期干戈四起，战争频发，政权屡有更迭，而偏安一隅的西蜀却没有受到战争之苦。再加上前蜀、后蜀的统治者生活奢侈，沉溺于酒色，遂使淫词艳曲有了生长的温床。《花间集》结集标志着词史上的第一个流派——“花间词派”形成了。花间词派的写作题材狭窄，内容淫靡，既无时代气息也没有真情实感，是典型的“伶工词”。少数词人写出了一些比较清新又情真意切的作品，其中最突出的当属韦庄，此外，李珣、孙光宪等也均以清秀见长。这样的作品直接或间接地影响了李煜的创作，为其开拓词风奠定了基础。

与西蜀不同，南唐先主李昪生性不喜奢华，生活简朴，这样的作风也影响到了中主李璟和后主李煜。统治者不纵情声色，对文治尤为重视。南唐建都金陵，文化积淀雄厚。李煜设崇文馆，这些都推动了南唐文化的发展，所以南唐词人的文化素质整体要比西蜀词派高。南唐君臣不满时下的文风，统治者力矫时弊，群臣积极响应，在大家的大力倡导下，南唐学习古文风气日盛，使当时文坛上呈现出一股新气象。

南唐词中也有华丽的“伶工词”，但总体说来是风格沉郁、哀怨。总体看来，南唐词人的政治地位普遍较高，眼界也更开阔，他们把国家命运、政治斗争融入作品，使作品的政治色彩增强了，逐渐冲淡了男欢女爱的成分。

李煜能变“伶工词”为“士大夫词”，与他独特的生活经历是分不开的。

李煜的人生与及其词作

生逢乱世是李煜的人生悲剧，与一般的亡国之君不同，他并非昏庸无道。南唐的亡国，是历史的必然，在他继位的前一年，其父李璟就已经因国势衰危而向宋称臣了。宋太宗赵光义曾询问南唐旧人潘慎修，李煜是不是懦弱无能之辈。潘慎修反问，如果李煜真是昏君怎能守国十余载？徐铉在《吴王陇西公墓志铭》中这样评价李煜：“以厌兵之俗当用武之世，孔明罕应变之略，不成近功；偃王躬仁义之行，终于亡国。道貌岸然有所在，复何愧欤！”

李煜天性纯孝、好生戒杀，始终用善良的目光来看待一切。他为政重仁慈、宽刑罚，每有死刑论决，莫不垂泪，还曾多次亲入大理寺，审查狱案，释放多人。他去世后，噩耗传回南唐故地，很多百姓为他痛哭流涕。他空有“惟以好生富民为务”的理想，而没有治国理政的良策，正应了王国维所说的“阅世愈浅，则性情愈真”。他率真多情，不仅文章写得好，对书画、音律也颇为精通。深厚的艺术修养，令李煜的创作个性色彩极强。

李煜一生可分为 4 个时期。第一个时期是从他出生到 959 年九月，其兄太子弘冀去世。李弘冀有很好的军事才能，但为人猜忌严苛。当时元宗李璟将政务交由皇太弟齐王李景遂全权处理，李弘冀遂与李景遂爆发皇储之争。李弘冀入主东宫后，李景遂便请求回到自己的封地，结果半路被人毒杀，经过调查，果然是李弘冀主使。元宗李璟以其残害亲叔叔而废除其太子之位。这一时期的李煜怕被兄长弘冀所嫉，内心愁郁忧惧，不敢参与政事，自号“莲峰居士”，并多次表示自己信仰佛教，无意继承大统。

第二个时期是从 959 年九月其兄弘冀去世，到 964 年十月初二其次子仲宣夭折。李煜不贪恋皇权的态度很得中主喜欢，被立为太子。这一时期的李煜初登王位，对宋采取奉礼屈和之策换来了国家的暂时安宁，生活相对平静。李煜携大周后及群臣整日欢歌宴饮、赏春游玩。大周后病后，李煜又与其妹坠入爱河，从而演绎了一段风流艳情的佳话。小周后容貌秀美，才思敏捷，李煜对她爱护有加，恩宠甚至超过了已故的大周后。

第三个时期是由 964 年十月初二其次子仲宣夭折，到 975 年南唐灭亡。这一时期李煜的爱子仲宣不幸夭折，宋势力愈发壮大，对南唐威逼日急，李煜既悲又愁却没有办法，终日与臣下设宴酣饮悲歌不已。

第四个时期是从975年南唐覆灭，到978年七月初七李煜去世。这一时期李煜被囚，境遇凄惨，心中哀苦无法纾解，常思恋故旧。

根据题材内容的不同，李煜的词作可分为七类，分别归入四个时期。第一时期主要是渔隐词，第二时期创作了大量赏春词、相思词，第三时期多为思悼词、闺怨词、怀远词，而在第四时期则多写亡国悲恨之词。其中最为世人熟悉的当属第四时期的作品。

李煜的词作之所以取得了如此巨大的艺术成就，是情感、表现、语言、风格4个方面共同作用的结果。第一，李煜的词情感深厚、率真，内容极富概括性；第二，表现丰富而恰当，写作方式别出心裁，叙事描写生动，善于塑造形象，令人物活灵活现、跃然纸上，而且善于运用意象来营造意境，表现手法多样；第三，语言朴素凝练而意蕴精深，平易自然的文字却毫不失优美流畅；第四，李煜的创作风格多种多样。四个时期的作品所体现出来的风格大不相同，可见其创作并不受风格局限。

李煜开拓创新，对词的发展做出了巨大贡献，把词从描绘男欢女爱、儿女情长发展到抒发士大夫的国仇家恨，将词带入到更广为阔的题材领域，加深了感情的深度。此外，他还完善了词作的创作手法，变隐晦曲折为直抒胸臆，将堆砌雕琢的语言简单化，并丰富了意象群和表现手法。李煜词的思想高度与艺术成就，深深地影响着后世，既影响了晏殊、秦观、欧阳修、周邦彦等婉约词大家，也启发了苏轼、辛弃疾这样的豪放派词人，堪称承前启后的里程碑。

谈冯正中词：开北宋一代风气

在战乱频发的五代，偏安江南的南唐经济比较繁荣，不少人从中原到这里来避乱。再加上南唐统治者比较爱好文学，因此南唐也成为词的中心。南唐词起初也像花间词一样，是靠着贵族阶层酣歌醉舞的享乐生活繁荣起来的。冯延巳是南唐词人里时代较早、创作较多的，中主李璟时官至宰相。王国维这样评价他："冯正中词虽不失五代风格，而堂庑特大，开北宋一代风气。与中、后二主词皆在《花间》范围之外，宜《花间集》中不登其只字也。"意思是说，冯延巳词虽然没脱离五代的风格，但其表现的内容要宽泛得多，开辟北宋一代风气。冯延巳与南唐中主、后主的词都没有被收入《花间集》，这是有道理的。

冯延巳与花间词派

王国维很肯定冯延巳在词史发展中的转折意义。所谓"五代风格"，其实主要就是指以《花间集》为代表的词风，以春花秋柳写旖旎之情，将月下樽前当作基本意象，把相思离别作为基本主题。冯延巳的确也有不少这类的作品，这便是冯延巳"不失五代风格"之处。冯延巳的词，虽然受花间派的影响，多写闺情离思，但他的词风不像花间词人那样醉心于描写女人的容貌、服饰，而是着力表现人物内心的哀愁，表现手法由白描转为抒情，因而显得委婉幽深。其遣词造句清新秀美，写景抒情形象生动，作品的艺术价值颇高。

虽说词到李煜才“眼界始大，感慨遂深”，但是冯延巳的词也同样有这样的特点，只是李煜的变革成就更突出、影响更大而已。冯延巳的词已经开始突破传统题材，侧重于自我表达，而且他所书写的感情往往并不具体，只是以此来构建意境而已，留给读者广阔的想象空间。所谓“堂庑”，正是针对这一特点而言，以其代表作《鹊踏枝》为例：

谁道闲情抛掷久，每到春来，惆怅还依旧。日日花前常病酒，敢辞镜里朱颜瘦。

河畔青芜堤上柳，为问新愁，何事年年有。独立小桥风满袖，平林新月人归后。

开头一句“谁道闲情抛掷久”就很妙，他只是说“闲情”，至于是怎样的一种“闲情”，很难确指它是某一种感情的事件。所谓闲情，就是在闲暇的时间无端涌上心头的这样的一种情绪。一股不可名状的哀伤涌上心头，却不知是从哪里来的，便归为闲情。他说“谁道闲情抛掷久”，这闲情是抛不开的，所以每到春来，“惆怅还依旧”。先是闲情，后是惆怅，都不是具体的感情的事件。

王国维说冯延巳的词作表面上看起来还是五代风格，五代词的常写伤春怨别的情绪，表面上看起来，“每到春来，惆怅还依旧”也在伤春，但格局要大得多，会令读者沉浸在一种缠绵不断又无法摆脱的这样一种氛围里。“每到春来，惆怅还依旧”，于是“日日花前常病酒”，最终“敢辞镜里朱颜瘦”，这样的固执与坚持，即便是在痛苦之中也不会放弃，极具悲剧精神。国学大师饶宗颐先生在《人间词话评议》中认为，这首词表现的是“鞠躬尽瘁，具见开济老臣怀抱”。饶宗颐先生之所以会产生这样的解读，与冯延巳的生平经历有关。

冯延巳的人生与艺术

冯延巳与后主李煜相似，都在艺术方面才华横溢，但在政治上却很幼稚，因而注定了悲剧的命运。冯延巳的父亲冯令孤曾做到吏部尚书的职位，靠着父亲的关系，冯延巳从年轻时就与宫廷有了密切的交往。南唐第一位君主烈祖李昪，就令自己的儿子李璟，也就是之后的中主，与冯延巳相交。李璟为元帅时，冯延巳在元帅府掌书记之职，李璟登基的第二年，任命冯延巳为翰林学士承旨，又过了两年，封冯延巳为宰相。冯延巳为官多年且身居高位，但政绩并不突出，可中主对他始终深信不疑。

冯延巳当政期间，先是进攻湖南，结果大败而归。之后，淮南失守，被后周攻陷，冯延巳的弟弟冯延鲁兵败被俘，另一位宰相孙晟出使后周被杀。南唐这偏安的小国，进不可以攻，退不可以守，愈发难以自处，各种党争便集中到冯延巳身上。冯延巳丢了相位，没过几年就因病去世了。

冯延巳做过昭武军抚州节度使，他下辖的地区包括一个叫临川县的地方，到了北宋初年，这里也出了一位才子宰相，正是晏殊。冯延巳的作品在民间被广为传唱，晏殊从少年时就喜欢词，尤其喜欢冯延巳的词，有记载说“元献尤喜冯延巳歌词，其所自作亦不减延巳乐府”。晏殊喜欢冯延巳的作品，自己的创作也与冯延巳一脉相承，不仅如此，他还发掘了另外一位词风婉约的大家——欧阳修。

冯延巳影响之下的晏殊、欧阳修等人，以他们的学识、情怀、眼界，以他们的身份地位，令小情小爱的词的境界开阔了，所以，冯延巳在词的发展上有着承先启后的作用。他一方面延续了五代伤春怨别的传统，却不写具体的感情事件，即便仍是五代风格的小词，可意境却放大了。他笔下的流淌的不再是温庭筠那样缺少个性、只追求美丽的歌词，也不再是韦庄那样只写感情的抒情诗，他以景写情，表达的是一种深挚的感情的意境，这正是冯延巳最大的成就。

冯延巳的词对北宋词产生了巨大影响，乃是词学史上公认的事实。清代文学家刘熙载在《艺概·词曲概》中说:“冯延巳词，晏同叔得其俊，欧阳永叔得其深。”可见，王国维将冯延巳作为五代与北宋词风交替之际的标志性人物，是有很充分的学理依据的。

谈欧阳修词：词本前人而尤工

在王国维短暂的治词生涯中，随着词学思想不断发展，他所推崇的作家几经变化，但欧阳修与秦观是他一直钟情中意的。1905 年，王国维校点《周氏词辨》时，把晏殊、苏轼、欧阳修、秦观同列为喜欢的北宋词人。1906 年，当他写《人间词甲稿序》的时候，这份名单少了晏殊，增加了周邦彦。后来王国维又说："唐五代之词，有句而无篇；南宋名家之词，有篇而无句；有篇有句，唯李后主降宋后之作，及永叔、子瞻、少游、美成、稼轩数人而已。"几经变换，王国维对欧阳修与秦观一直钟爱有加。此外，还常常将二人合而论之，给予了很高的评价。王国维以"意境"为标准，认为欧阳修以"意胜"，秦观以"境胜"。本节就先来探讨欧阳修的"意"。

欧语工在何处

欧九《浣溪沙》词："绿杨楼外出秋千"。晁补之谓：只一"出"字，便后人所不能道。余谓：此本于正中《上行杯》词"柳外秋千出画墙"，但欧语尤工耳。

欧阳修排行第九，所以也称欧九，此处点评的出自《浣溪沙》："堤上游人逐画船，拍堤春水四垂天。绿杨楼外出秋千。白发戴花君莫笑，六么催拍盏频传。人生何处似尊前。”晁补之，字无咎，晚号归来子，北宋文学家，“苏门四学士”之一。晁补之《评本朝乐章》中说：“欧阳永叔《浣溪沙》云：‘堤上游人逐画船，拍堤春水四垂天。绿杨楼外出秋千。’要皆绝妙。然只‘出’一字，自是后人道不到处。”王国维则把欧阳修的词与冯延巳的词作对比，认为欧阳修的语言要更加精巧。

王国维论境界不仅注重名句，也注重名句中的字眼，尤其是那种以一个词而使整个境界活起来的艺术效果，此则评说欧阳修用字之精妙，以一个“出”字而带出境界。

“出”字之妙，率先由晁补之提出，然而晁补之感受到了其中之妙，却未能说出妙在何处。王国维在这里也没有解释，但结合《人间词话》的整体语境来看,“出”的妙处就容易理解的。正如王国维分析过的“红杏枝头春意闹”之“闹”、“云破月来花弄影”之“弄”，“出”也是能以一个动词而将环境和氛围渲染出来。

欧阳修此句乃是写在船上所见岸边之景，岸边的绿柳、柳外的小楼、楼外的秋千,三种景物共同组成了一幅静中有动的画面，一个“出”字将秋千的动态，在静态的杨柳与小楼的映衬一下子灵动起来，令整个画面的重点都鲜活了。所以，尽管只一个简单的“出”字，就已经有了点化情景的效果。

类似的用法，王国维认为已先见于冯延巳的“柳外秋千出画墙”一句了，但欧阳修的用法要更显工致。冯延巳的句子虽然也包含了柳树、画墙、秋千三种意象，然而杨柳与画墙的结合不如欧阳修一句“绿杨楼”来得浑然天成，再者，“秋千出画墙”所形成的视觉效果就不仅仅是秋千，而是兼带包含了画墙的意象，因此，秋千之“出”在欧阳修的词句中更具有中心位置，效果也更好。

欧词的沉着与豪放

王国维对欧阳修词的情感表现是极力推崇的，他对欧词的评点经常能透过表象直取精神内核，其中最为经典的当属“于豪放之中有沉着之致，所以尤高”。欧阳修的词作之所以能将豪放与沉着融为一体，是因为欧词表面上虽是一种遣玩的意兴，其中却又隐藏着对人生无常的悲痛慨叹。王国维称赞欧阳修的作品“夫古今人词之以意胜者，莫若欧阳公”，或许过于主观，但欧阳修的确是担得起“意胜”的评价。

樽前拟把归期说，欲语春容先惨咽。人生自是有情痴，此恨不关风与月。

离歌且莫翻新阕，一曲能教肠寸结。直须看尽洛城花，始共春风容易别。

这首《玉楼春》也是欧阳修的代表作之一，作于景祐元年（1034）三月欧阳修西京留守推官任满离洛之际，和亲友话别时，心里满是凄凉，在离筵上拟说归期，却又未语先哽咽住了。首先“拟把”“欲语”两词，将宾主之间不忍说出的惜别之情表达得淋漓尽致。然而人生不能处处遂人愿，所以别离之际即便“春容”“惨咽”，但并没有过分沉溺在一己的离愁别绪里，而是推己及人，将离别之苦推向更广阔的主题。他清醒地认识到，离愁别恨是与生俱来的情绪，与风花雪月无关。因此，离别的歌不要再翻新曲了，一曲足以令人痛到肝肠寸断了。

抒发离愁别绪这一主题的作品很多，但欧阳修的这首《玉楼春》

最为突出，既有悲情凄凉，又有豪情万丈，寄寓了词人对美好事物的爱恋与对人生无常慨叹。开头的“樽前拟把归期说，欲语春容先惨咽”两句，是对当下情境的直接叙写，同时又通过遣词造句的奇思令词中又显出一种特别的意境。“樽前”本该是欢乐的场合，“春容”亦当是出色的人物，而在“樽前”所要述说的却是遥远的“归期”，于是“樽前”的欢乐与“春容”的娇美，顿时被伤感的“惨咽”所取代。在这种转变与对比之中，隐约可见欧公对美好事物之爱赏与对人世无常之悲慨二种情绪以及两相对比之中所形成的一种张力。另外值得注意的是，“归期说”之前的“拟把”二字，而在“春容”“惨咽”之前则有“欲语”两个字，令整首词的层次更加丰富，“拟把”只是心中所想，而“欲语”则是张口欲言之际。二句连言，可见宾主对“归期”都是不忍去想、不忍去说的。

所谓“人生自是有情痴”可以这样理解，古人有云“太上忘情，其下不及情，情之所钟，正在我”，所以晚清况周颐在《蕙风词话》中亦曾说过“吾观风雨，吾览江山，常觉风雨江山之外，别有动吾心者”。这正是人生之自有情痴，原不关风与月。这两句虽是在反思自己，可实际上却更加凸显深情难解。

这般情痴同上面两句使人悲咽的离别之情暗相呼应，于是下阕开头便说“离歌且莫翻新阕，一曲能教肠寸结”。“且莫”二字的劝阻之辞写得十分恳切，刚好用来衬托后面“肠寸结”的哀痛感伤。但到了最后两句却突然变了情绪，愁肠百结变成了“直须看尽洛城花，始共春风容易别”的遣玩的豪兴。欧阳修这一首《玉楼春》，要表达的明明是离别的不舍，然而词风一转，他不仅要把洛城花看尽，还突然生出一股豪情。

“洛城花”虽美却终有“尽”的时候，“春风”再美终须一“别”，因此在豪宕之中又实在隐含了沉重的悲慨。

所以王国维在《人间词话》中称赞欧阳修的这几句“于豪放之中有沉着之致，所以尤高”，这不仅是《玉楼春》一词的妙处，也是欧阳修创作的主要特点。

谈诗人情怀：忧生与忧世

在《人间词话》中，王国维以“忧生”与“忧世”来概括两种诗情：“‘我瞻四方，蹙蹙靡所骋’，诗人之忧生也，‘昨夜西风凋碧树，独上高楼，望尽天涯路’似之。‘终日驰车走，不见所问津’，诗人之忧世也，‘百草千花寒食路，香车系在谁家树’似之。”“我瞻四方，蹙蹙靡所骋”，是诗人在为民生而担忧，“昨夜西风凋碧树，独上高楼，望尽天涯路”与之相似。“终日驰车走，不见所问津”，是诗人在为世事而担忧，“百草千花寒食路，香车系在谁家树”与之相似。

忧生与忧世是词的本质

王国维所引的“我瞻”二句出自《诗经·小雅·节南山》的“驾彼四牡，四牡项领。我瞻四方，蹙蹙靡所骋”。意思是说，马儿因为很久没被赶驾而呈肥硕之态，实际上是在比喻贤才久遭冷落。晏殊的“昨夜”三句，表面是写秋风吹落叶，以致视野陡然开阔，实则在表达压抑许久的有才之士渴望成就事业。王国维说，这一诗一词表达的同样是诗人对个体生命的忧虑。不过，这种人才被冷落，在古代是很常见的现象，所以诗人既是在感慨自己的人生坎坷，也是对一个时代、一个群体的忧虑，所以“忧生”之中也包含着“忧世”之意。

陶渊明的“终日”两句和冯延巳的“百草”两句，都表达了一种关注世道时运的情怀，所以王国维用“忧世”来概括其意。然而，这般忧世之意也是从诗人的个人角度发出的，因此忧世中也包含着忧生。王国维将忧生、忧世分别论述，只是为表述的方便而已，其实两者之间是密不可分的。无论是忧生，还是忧世，“忧”才是真正的核心。诗歌中的忧生、忧世固然很多，而就词体而言，忧生、忧世才是更为本质的。

古代士人有一种普遍性的性格特征，就是极富忧患意识。有学者认为，不同于“唐人融合南北胡汉诸审美要素的波涛起伏，汹涌澎湃，汪洋恣肆”，“宋代承唐之后，如大江之水，潴而为湖，由动而变为静，由浑灏而变为澄清，由惊涛汹涌而变为清波容与”，“其时之人心，静弱而不雄强，向内收敛而不向外扩展，喜深微而不喜广阔”。静弱内敛的性格很容易滋生感伤，日月更替春去冬来的自然变化，人事的新旧递嬗，都能触动那难以名状的怅惘与哀叹。正如《文心雕龙·物色》所言，“情以物迁，辞以情发。一叶且或迎意，虫声有足引心”。文学家很容易将自然变化与人事变迁相联系，“春秋代序，阴阳惨舒，物色之动，心亦摇焉”。

自汉武帝罢黜百家、独尊儒术后，士人的人生哲学便成了政治结构系统之中的一部分，“自我”被社会伦理道德规范牢牢地束缚着。匡扶社稷、显达荣亲是士人们共同的人生理想，但是，除了家国大义、责任和义务，他们就没有属于自己的欲望与要求吗？当然不是，文学创作便是他们自我表达的方式。宋词中就有不少这样的作品，充满了对自身境遇、生命终极意义的深沉思考。从风格婉约的晏殊、晏几道、欧阳修、秦观等人，到词风豪放的苏轼、辛弃疾……都发出过人生无常、世事难料之叹。

"忧"与"担荷人类罪恶之意"

此外，王国维还说："尼采谓，一切文学，余爱以血书者。后主之词，真所谓以血书者也。宋道君皇帝《燕山亭》词亦略似之。然道君不过自道身世之戚，后主则俨有释迦、基督担荷人类罪恶之意，其大小固不同。"

"忧生"在王国维这里虽然有了新的含义，但"忧生"毕竟仍是一个传统的审美主题，"忧生"与"忧世"在他的精神世界里是协调一致，甚至是共生共存的。"忧生"要上升到"忧世"，其存在的意义才是充分而完整的。"忧生"与"忧世"在王国维的解读中，还与"释伽、基督担荷人类罪恶之意"有着千丝万缕的关联。

在研究西方哲学时，王国维对于生命展开了求证与体察，他从"势力之欲"作为切入点，来描述人的精神活动："人之有生，以欲望生也"，人受动并且受制于"生活之欲"，"然欲望之能达者一，而不能达者什佰，故人生之苦痛亦多矣。若胸中偶然无一欲望，则又有空虚之感乘之。此空虚之感，尤人生所难堪"。

这样的观点，是王国维从叔本华哲学中吸收过来的。王国维敢于直面人的"本质"，有足够的勇气在此之上展开一切形而上的探讨，而不再像传统腐儒那样去掩盖真相，甚至颠倒其关系。基于"生活之欲"，但更偏重于精神方面的生命动力就是"势力之欲"，简单来讲就是人争胜、进取的冲动与愿望。

若夫最高尚之嗜好，如文学、美术，亦不外势力之欲之发表……真正之大诗人，则又以人类之感情为其一己之感情。彼其势力充实，不可以已，遂不以发表自己之感情为满足，更进而欲发表人类全体之感情。

彼之著作，实为人类全体之喉舌，而读者于此得闻其悲欢啼笑之声，遂觉自己之势力亦为之发扬而不能自已。故自文学言之，创作与赏鉴之二方面亦皆以此势力之欲为之根柢也，文学既然，他美术何独不然？岂独美术而已，哲学与科学亦然。

传统诗词中，在以“忧”为主题的表达背后，通常是对自我的质疑，于是产生了无可奈何的感触。所谓“释迦、基督担荷人类罪恶之意”，也就伴随着这样的感触，在“忧生”与“忧世”的互动中彰显出来。

谈三种境界：
成大事业大学问者所必经

古今之成大事业、大学问者，必经过三种之境界："昨夜西风凋碧树，独上高楼，望尽天涯路。"此第一境也。"衣带渐宽终不悔，为伊消得人憔悴。"此第二境也。"众里寻他千百度，蓦然回首，那人却在，灯火阑珊处。"第三境也。此等语皆非大词人不能道。然遽以此意解释诸词，恐为晏、欧诸公所不许也。

王国维经过深入思考后，悟出人若要成就大事业，必定要经历几个阶段：第一阶段身处迷茫之中，不知前路在何方；第二阶段是在苦苦追求，历尽艰辛磨难而不悔，终于见到几缕微弱的曙光；第三阶段终于豁然开朗，掌握了事业成功的关键，原本以为答案远在天边，结果猛然发现其实近在眼前。这三个阶段，是在人生事业上取得成功，必须经历的客观规律，可以概括为迷惘——求索——顿悟。

尼采在谈到通向智慧之路时，指出要经过 3 个阶段，即：合群时期、沙漠时期和创造时期。王国维在解析这个规律时，没有用自己的语言予以解析，而是极其巧妙地借用了 3 篇经典词作里的经典句子，即生动又形象地阐释了这三个阶段的不同特点。

迷惘

王国维的治学第一境界："昨夜西风凋碧树，独上高楼，望尽天涯路。"该句出自晏殊《蝶恋花》：

槛菊愁烟兰泣露，罗幕轻寒，燕子双飞去。明月不谙离恨苦，斜光到晓穿朱户。

昨夜西风凋碧树，独上高楼，望尽天涯路。欲寄彩笺兼尺素，山长水阔知何处。

这首词的主题原本是写离别之苦的。在诗人的眼中，菊花似被惨淡的愁云所笼罩，兰花上的露珠犹如流下的泪珠，正是主人公悲凉、迷离而又孤寂的心态的写照。"罗幕轻寒"二句表面上是写燕子由于寒冷而飞走，实则写作者自己的感受。"燕子"不仅是带有鲜明季节特征的景物，而且燕之"双飞"更能衬托出人的孤寂。当作者目送平时相依相伴的双燕相随而去，胸中那份孑然一身的怅惘更加浓烈。作者又用"明月不谙"作进一步的烘托与映衬，嗔怪"明月不谙离恨苦"。"昨夜西风"一句，为固有的惨淡、凄凉气氛更增添了几分萧瑟。西风方烈，碧树尽凋，登高"望尽天涯路"，却不见天涯人。既然如此，那就只得以书信传情了。"山长水阔知何处"，以无可奈何的怅问作结，虽然饱含着望而不见的离别之殇，但感情悲壮，丝毫不显颓靡。

此一境界，乃是对人生的迷茫，看不见前方的路在哪里。

求索

第二境界"衣带渐宽终不悔，为伊消得人憔悴"则引用了柳永《蝶恋花》中的句子。

伫倚危楼风细细。望极春愁，黯黯生天际。草色烟光残照里，无言谁会凭栏意。

拟把疏狂图一醉。对酒当歌，强乐还无味。衣带渐宽终不悔，为伊消得人憔悴。

这首词的主题原本是写相思之苦的。伫立在高楼之上，凭栏远望，微风一丝丝地拂在脸上，视线所及是望不尽的春日离愁，黯然地从遥远的无边升起。碧绿的草色，迷蒙的烟光，在落日余晖的笼罩下天地一片迷蒙，春愁随之而生，谁能了解我独自凭栏的心境？打算狂放不羁地喝个大醉，可是对着美酒就应纵情高歌，勉强求欢反而觉得毫无意味。愁绪满怀挥之不去，心甘情愿忍受“春愁”的折磨，即使渐渐形容憔悴也绝不后悔。

将这样的情绪投映在人生上，就是在追求目标的过程上，求之不得，哪怕形容消瘦也无怨无悔地继续追逐。这便是第二境界。

顿悟

第三境界：“众里寻他千百度。蓦然回首，那人却在，灯火阑珊处。”这一句乃是出自辛弃疾的《青玉案》：

东风夜放花千树。更吹落，星如雨。宝马雕车香满路。凤箫声动，玉壶光转，一夜鱼龙舞。

蛾儿雪柳黄金缕。笑语盈盈暗香去。众里寻他千百度。蓦然回首，那人却在，灯火阑珊处。

东风仿佛吹开了枝头的芳花，又如将空中的繁星吹落，仿佛阵阵星雨。香车宝马在路上来来往往，醉人香气飘满一路。悦耳的音乐声回荡在耳边，玉壶的灯光流转，鱼龙角抵的游戏在各处整夜飞舞。盛装的美人们一个个雾鬓云鬟，戴满了元宵节应景的闹蛾儿、雪柳。她们说笑着从我面前经过，留下淡淡的香气。我在众芳里寻找她千百次，突然一回首，却看见了她正立在灯火深处。

这一境界表明，立志要得到的，在经过足够的积累后，量变成为质变，原来在不经意间已经得到了。

王国维的治学三境界，归纳来讲，可以理解为：做学问成大事业者，首先要有执着的追求，还应登高远望，瞰察路径，以明确目标与方向，了解事物的概貌；想成就大事业、大学问，并不是轻而易举，能够一蹴而就的，必须有坚定不移的信念，废寝忘食地苦苦追求，哪怕心力交瘁也不后悔；最终也是最高境界就是，必须有专注的精神，反复研究、求证，只要功夫深，自然会豁然开朗，并有所得。

从接受美学的角度来看，这三首词实际上经历了不同时代、不同角度的解读。最表面的文本意义都是表达男女情爱的，王国维将此引申为读书、欣赏的“三境界”，后来又发展为“人生三境界”。无论我们是独上高楼，还是衣带渐宽，抑或是蓦然回首，只要敢于追求，勇于奋斗，就会有开始，就有可能收获。当然，我们不能企盼每位为之“衣带渐宽”的“伊”都值得我们终不悔，也不可能每次蓦然回首，那人都刚好在灯火阑珊处等着，然而，只要锲而不舍，总有成功的机会。

谈秦观词：
淡语有味，浅语有致

秦观，字少游，颇得苏轼赏识，与黄庭坚、晁补之、张耒号称为“苏门四学士”。秦观在文学方面天赋极高，苏轼赞他“有屈、宋之才”，王安石称他“有鲍、谢清新之致”。然而文坛得意，在官场却颇受打击。

当时，朝堂上的新旧两党之间的斗争异常激烈，蜀党领袖苏轼及其“苏门四学士”出于公心，根据民生疾苦和国家利益，对新、旧两党的主张给予客观、公正的评价。秦观对当时的内忧外患提出了各种具体的改革方略，他认为王安石的新法是救国济民的良策，只是执法者矫枉过正，才导致了一些流弊。然而，他也不同意司马光尽废新法，没有必要因噎废食。这些观点在党同伐异的政治斗争中，是很容易树敌的，再加上与苏轼关系密切，令他更难以逃脱派别门户之间的中伤和攻击。新党人士章棹、蔡京上台后，苏轼、秦观等人一同遭贬。哲宗驾崩后，徽宗即位，迁臣多被召回，秦观也复命宣德郎，放还横州，然而行至滕州时去世。

秦观的作品与他的人生境遇是分不开的，了解了他的遭遇，才能理解其作品的动人之处。

纯粹的“伤心人”

王国维在《人间词话》里曾这样评价秦观：

冯梦华《宋六十一家词选·序例》谓："淮海、小山，古之伤心人也。其淡语皆有味，浅语皆有致。"余谓此唯淮海足以当之。小山矜贵有余，但可方驾子野、方回，未足抗衡淮海也。

冯煦对秦观、晏几道评价，王国维并不认同，在他看来，只有对秦观完全符合平淡语有深味浅近语有风致的评价。晏几道词多的是高自尊贵，只能和张先、贺铸列归为同类，不足以和秦观对比并论。

词体的悲情特征一直是王国维强调的核心，于是此则便由冯煦评秦观、晏几道为"古之伤心人"的话题引申开来。所谓"伤心人"的评价，包括经历、心境、文风三方面的考量，即因坎坷生活而形成凄凉的心境，以及因此形成的凄婉的写作风格。

秦观陷于北宋新、旧党争而一生屡受贬谪，郁郁不得志；晏几道虽出身豪门，但中年家道中落，以致生活无着。这两人的"伤心"之处虽各有不同，但终究都是"伤心"，所以冯煦将二人合评也并非没有道理。然而，冯煦将秦观和晏几道称为"伤心人"，因为两人的作品并不是将悲情倾泻而出，他们在表现自己内心伤感时，反而会弱化、淡化这种悲情的外在表现，这样一来，反而将悲情表达得更直击人心。

所谓"有味""有致"，乃是强调作品对读者情感的冲击。王国维对冯煦的观点大体上是同意的，只是觉得冯煦将秦观与晏几道并论为"伤心人"，略有异议。晏几道的"伤心"主要是自身清高孤傲的性格所导致，其作品呈现出的更多是其矜持高贵的气质，他的"伤心"也夹杂糅合了多种情感，这样反而掩盖了一些"伤心"的内涵，只是与张先、贺铸相比显得伤心而已。因此，王国维认为只有秦观才是纯粹意义上的“伤心”。这样的区分的确堪称精到。

借眼前之景抒不尽之情

秦观与欧阳修都是王国维十分喜爱的词人，他最看重欧阳修的“意”，最中意秦观的“境”。那么，秦观的境胜在何处呢？王国维解释说：“少游词境界最为凄婉。”在王国维看来，秦观词最大的成就便是绘制了一幅幅凄婉至极的画面。

雾失楼台，月迷津渡。桃源望断无寻处。可堪孤馆闭春寒，杜鹃声里斜阳暮。

驿寄梅花，鱼传尺素。砌成此恨无重数。郴江幸自绕郴山，为谁流下潇湘去。

这首《踏莎行》是秦观的代表作之一，表达了作者的贬谪羁旅之苦的词，让我们不禁联想到满怀忧国忧民之愤自沉汨罗江的屈原、不愿为五斗米折腰的陶渊明、在党争中无辜受到牵累的李商隐等人。苏轼曾评价过这首词，认为最好的是最后两句“郴江幸自绕郴山，为谁流下潇湘去”，而王国维觉得苏轼的欣赏只是肤浅的皮相之见，“可堪孤馆闭春寒，杜鹃声里斜阳暮”才是最具意境的，并将其作为“有我之境”的典范。叶嘉莹将王国维的见解理解为，“可堪孤馆闭春寒”是由实际的景物写到自己遭贬谪的境况，而其他几句则多为象喻、用典的表达。王国维标举的这两句，的确是“意境”的绝佳表现，“孤馆”“春寒”已经孤寂悲凉的意象，再加一个“闭”字更显凄苦，“杜鹃”“斜阳”都是表达绝望的常见意象，后面再加一个“暮”字，简直已被苦难压得喘不过气来了。

要理解这首词，首先应当了解它的写作背景。

这首词是秦观在北宋绍圣四年（1097）作于郴州的。此时的秦观，同在“牛李党争”中受难的李商隐差不多，不断受到新旧党争的波及和株连。哲宗赵煦绍圣元年（1094），新派再起，不仅作为旧党的苏轼弟兄遭到贬谪，秦观也未能幸免，先是被贬到杭州、处州，之后又因遭到谒告而被削秩，于是再贬郴州。面对接踵而来的政治迫害，秦观深感无助。

云雾遮住了楼台，在朦胧的月光下，看不清渡口，这凄迷的景象，正如心中走投无路的意绪。残酷的政治斗争让他想要躲避，却找不到桃花源那样的地方。心事重重，夜不能寐，现实中欲归无路，理想中的仙境又无处寻找，“孤馆”似乎更加冷清，眼看着日头偏西，难熬的月夜又将到来。不断有亲友的赠寄从远方送来，离愁别恨、对政治现实的不平层层堆砌，犹如恨山怨墙厚重难量。心中悲愤无法言说，只好化实为虚，作宕开之笔，借眼前山水一问：“郴江幸自绕郴山，为谁流下潇湘去？”

秦观出身于下层，历尽艰辛终于求得功名，可在官场上却屡遭打击，饱受流贬之苦，可以说是封建社会众多寒门子弟悲剧命运的缩影。秦观以其婉约凄美的优秀词作，传递出众多仁人志士共同的悲哀，因此受到了普遍的推崇和赞誉，形成了词史上影响巨大的抒情范式。

谈词与诗：
词未必易于诗

诗在我国有着悠久的历史。我国最早的一部诗歌总集——《诗经》，收录了从西周初期至春秋中叶之间大约500年的作品，既有流传在民间的歌谣，也有贵族文人的创作。经过孔子的收集整理后，保留了311篇，分为风、雅、颂3个部分。其中“风”共有160篇，大部分是民间歌谣，小部分是贵族阶层的创作；“雅”共111篇，又分为“大雅”与“小雅”，“大雅”中的作品多为上层贵族的作品，一般以叙事为主，“小雅”除了贵族创作还有小部分民间的歌谣；“颂”共有40篇，为宗庙祭祀之诗歌，不论表现的贵族生活还是平民的生活，多以叙事为主。

《诗经》是中国文学的起点，也是文学鼻祖，对后世各种文学体裁的发展，都有着不可磨灭的推动作用。

时代精神与“一代之文学”

唐诗与宋词是两个时代最伟大的文学产物，对于这两种文体的难易，王国维在《人间词话》里是这样评价的：

陆放翁跋《花间集》，谓：“唐季五代，诗愈卑，而倚声者辄简古可爱。……能此不能彼，未可以理推也。”《提要》驳之，谓：“犹能举七十斤者，举百斤则蹶，举五十斤则运掉自如。”其言甚辨。然谓词必易于诗，余未敢信。善乎陈卧子之言曰：“宋人不知诗而强作诗，故终宋之世无诗。……然其欢愉愁苦之致，动于中而不能抑者，类发于诗余，故其所造独工。”五代词之所以独胜，亦以此也。

南宋词人陆游跋《花间集》说：“晚唐五代，诗愈发卑下，而倚声填词的作品却简练古朴，惹人喜爱只能作词却不能作诗，这是没法用道理说清的。”《四库全书总目提要》驳斥陆游说：“这一个人只能够举起70斤，非要举100斤就会摔倒，但如果只举50斤就运转自如。”意思是说，作词远比作诗要容易，对这样的说法，王国维不以为然，认为还是陈子龙说得有道理，宋人不知诗而勉强作诗，所以整个宋代没有诗，但是他们的喜怒哀愁，在心中涌动的各种无法抑制的情感，大部分都可以通过词来表达，所以他们的词作分外精致。五代时期的词之所以也颇有成就，也是因为这个道理。

王国维在《宋元戏曲考·序》中说“凡一代有一代之文学。楚之骚、汉之赋、六代之骈语、唐之诗、宋之词、元之曲，皆所谓‘一代之文学’，而后世莫能继焉者也”。每一个时代都有代表这个时代精神的文体，任何一种文体的嬗变趋势都是始盛终衰，文学的发展是漫长而潜移默化的，而朝代的更迭却可以在转瞬间完成，因此以时代来划分文学并不科学。

陆游的《花间集·跋》注意到，晚唐五代时期词体开始兴起，却正值诗体衰微之际，所以提出一个时代的文学创作“能此不能彼”的问题，也就是说，一个时代兴起了某种新的文体，通常也意味着旧文体的衰落。与此相应的是，一个诗人擅长某一种文体，而对其他的文体就比较陌生了。《四库全书总目》对陆游跋文的反驳，其实已经偏离了陆游的本意。以举重为例，来说明写诗就好像一个只能举70斤的人非要去举100斤的重物，故会感到吃力，而填词就好像只举50斤的东西，自然觉得轻松，以此来说明诗难词易的观点。

王国维认为四库馆臣的说法堪称“甚辩”，举重的比喻并不妥当，以此来说明诗词之难易轻重，就不免流于妄谈了。王国维援引明代陈子龙的《王介人诗余序》分析宋代诗词兴替的原因，来作为自身论点的依据。陈子龙认为宋词的成就之所以比宋诗要高得多，就在于宋人对诗歌的定位发生了问题，更喜欢以词体来抒发喜怒哀乐之情，诗多用来将议论说理，于是“无意”间促成了宋词的发达。陈子龙以情感为本位来分析宋代诗词的不同，是具有一定道理的，只是忽略看宋诗的议论化其实也是诗体发展的一种必然。王国维择取陈子龙的情感本体论，是为自己文体更替规律的观点作为论据，并不是要探讨宋代诗词到底孰优孰劣。

文不分高低贵贱

在古代，文体有雅俗之分。文为第一，诗为二，词排在文和诗歌之后，戏曲和小说则被认为是较为低鄙的文学体裁。王国维以其进步的文学观和创新思维，对各种文学形式一视同仁，打破文有高低贵贱之分的传统思维。

文学是丰富多样的，更是发展的。唐诗的繁盛与唐代散文的出色并不矛盾，唐诗的成就固然高，但我们要看到，唐初的诗歌依然带有南北朝时期浮华萎靡的遗风，只以盛唐时期的诗作来代表整个唐代诗歌亦是不全面的。

对于文体的始盛终衰，王国维还发表过这样的观点：

四言敝而有楚辞，楚辞敝而有五言，五言敝而有七言，古诗敝而有律绝，律绝敝而有词。盖文体通行既久，染指遂多，自成习套。豪杰之士，亦难于其中自出新意，故遁而作他体，以自解脱。一切文体所以始盛终衰者，皆由于此。故谓文学后不如前，余未敢信。但就一体论，则此说固无以易也。

从某种程度而言，一部文学史即是一种文体兴衰、交替的历史。王国维的这则撰述，是在探索文学发展的规律等诸多问题。

从四言到楚辞，再到五言，最终发展为七言，从古诗发展为律绝，再发展到词。在对文体嬗变规律的描述，王国维将其划分为两个方面：先是在“古诗”的范围内，列出从四言到七言的发展过程，之后再将“古诗”与近体诗、词划分为另外一个过程，最后把“词”作为韵文文体的终结。

在叙述文体兴替的过程里，王国维所用的这个“敝”字很值得注意。所谓“敝”，就是指文体在长期的发展过程中，逐渐形成并拘为定式的“习套”。这样的“习套”越顽固，程式越烦琐，对诗人真情性的桎梏也就越多。如此一来，该文体势必会衰落。王国维的这个“敝”字，的确反映了文体程式化倾向所导致的必然结果，但这个“敝”字也容易被误解为，一种新文体若要产生，旧文体首先要衰落。

事实上，文体的演变并不是简单地以新文体替代旧文体。譬如楚辞的诞生，与四言诗的“敝”无关，而是楚地的民风民俗催生出来的；再譬如词体的产生，不仅由于近体诗的衰落，而且同音乐体系的转变也有着颇为密切的关系。另外，在宋代及后世，古诗、律绝、词并存，一直是文学界的常态。可见，“敝”并不足以解释文体嬗变规律的全部。

王国维虽然承认始盛终衰的规律，但整体来说，并不能得出后不如前的结论。表达情感的艺术是不断变化不停发展的，文体不过是为这种情感表达提供一种载体而已，作品有好坏之分，但文体本身并无尊卑优劣之别。

谈苏轼词：和韵似原唱

通常来说，诗词唱和最简单的就是创新，因为可以任意发挥，没有拘束。而和作就难了，模拟原作，亦步亦趋，难以有所突破，所以南宋诗论家严羽说“和韵最害人诗”。而词的次韵和作更难，因为这不仅要求题材一脉相承，还要求词牌和韵律与原作保持一致，其难度之大可想而知，因此南宋词人张炎说：“词不宜强和人韵。若倡者之词曲韵宽平，庶可赓歌；倘韵险又为人所先，则必牵强赓和，句意安能融贯？徒费苦思，未见有全章妥溜者。”这样的观点固然是行家之言，但也有例外。后来居上的和作并非没有，苏轼的《水龙吟》（次韵章质夫杨花词）就是其中典型的代表。

才华使然

东坡《水龙吟》咏杨花，和均而似原唱。章质夫词，原唱而似和均。才之不可强也如是！

王国维的此则评论，看似是在比较苏轼与章楶两首《水龙吟》的优劣，实则是借和韵引出“才”的问题。

似花还似非花，也无人惜从教坠。抛家傍路，思量却是，无情有思。萦损柔肠，困酣娇眼，欲开还闭。梦随风万里，寻郎去处，又还被、莺呼起。

不恨此花飞尽，恨西园、落红难缀。晓来雨过，遗踪何在，一池萍碎。春色三分，二分尘土，一分流水。细看来，不是杨花，点点是离人泪。

苏轼这首《水龙吟·次韵章质夫杨花词》水平颇高，而且格调高远，将咏物词形神、离合之间的妙趣表现得十分出彩。“似花还似非花”一句即领起全篇，“似花”二字重在表现杨花的形态，“似非花”处则借杨花飘零写的是离人心中的感触。所以在苏轼笔下，杨花与离人间的若即若离，堪称咏物词的正统。

燕忙莺懒芳残，正堤上杨花飘坠。轻飞乱舞，点画青林，全无才思。闲趁游丝，静临深院，日长门闭。傍珠帘散漫，垂垂欲下，依前被、风扶起。

兰帐玉人睡觉，怪春衣、雪沾琼缀。绣床渐满，香球无数，才圆欲碎。时见蜂儿，仰粘轻粉，鱼吞池水。望章台路杳，金鞍游荡，有盈盈泪。

章楶这首《水龙吟·杨花》原唱也称得上清新秀丽的佳作，对杨花飞舞的景象描摹得尤其传神，“闲趁游丝”六句，更堪称神来之笔。章楶在写杨花之余也写离人，可惜的是只有“离”的描绘，没有“即”的意象。在王国维眼中，这或许正是苏轼与章楶之间的差距了。

一般而言，原唱因为没有限制，可以纵情发挥，很容易出彩；而次韵受限于原韵，又要在原唱之外翻出新意，就要困难一些了。所以王国维也自称作词“尤不喜用人韵”。但苏轼的次韵词却超越了章楶的原唱词，这就表现出才华的差距了。

王国维在《人间词话》中多次强调创意的重要性，但创意不是凭空来的。苏轼天纵其才，所以不管原唱、次韵，都比他人精彩，这完全是才华使然。

咏物拟人的境界

章粢的杨花词，以写景状物生动逼真见长，在这方面亦是颇受好评的。宋人魏庆之认为："亦可谓曲尽杨花妙处。"清末著名学者俞陛云指出："此词虽不及东坡和作，而'珠帘'四句、'绣床'三句赋本题极体物浏亮之能，若无名作在前，斯亦佳制。"

章粢写景细致又生动，有这样的佳作在前，苏轼下笔时干脆就避实就虚，不再着力刻画杨花的形态，而以描绘杨花的神态为主，更将杨花比为春闺里的寂寞玉人，借描摹的玉人慵懒之姿，来写杨花的形象特质。只开篇"似花还似非花"一句就很见巧思，总写杨花的特点，似花非花，自然与众花不同。以下貌似写杨花，却并非写杨花，而是以杨花喻玉人，二者浑然一体，妙在似是而非，似非而是。刘熙载的《艺概·词曲概》认为，"此句可作全词评语，盖不离不即也"。这种"不即不离"是苏词的巧思，也是此词状物拟人的特点。

章粢笔下的是"全无才思"的无情之物，杨花与玉人之间只是纯粹的物与人，杨花的作用只是为孤身一人百无聊赖的玉人作陪衬。

在苏轼笔下，杨花非但不是无情之物，反而更像有情之人。苏轼不仅以玉人喻杨花，更以玉人的意象寄托了对自身经历的慨叹。俞陛云称苏词"结句怨悱之怀，力透纸背，既伤离索，又兼有迁谪之感"，可谓有心。苏轼此词作于元丰四年（1081），当时他正贬居黄州。苏轼在《与章质夫》信中提到其写作此词的用意，他说："承喻慎静以处忧患。

非心爱我之深，何以及此。谨置之座右也。《柳花》词妙绝，使来者何以措词。本不敢继作，又思公正柳花飞时出巡按，坐想四子，闭门愁断，故写其意，次韵一首寄去，亦告不以示人也。”可见，苏轼创作此词，既是有感于章楶作品的情境，更是抒发自己宦海浮沉的思绪。

章楶的词上片写景下片写人，由外而内，由物而人，写作章法细致，却少了新意。苏词上片从杨花似花又非花的特点入手，随后写杨花生成后随风飘零，下片则写杨花化为尘土与流水，消逝得不留半点痕迹。苏词处处以玉人为喻，又处处透露着悲情，令人感伤不已。与章词相比，不仅加大了抒情的力度，还在章法上突破了上片咏物下片抒情的限制，而实际上上片仍侧重咏物，但下片更重抒情，这样的章法安排将苏轼的天才展露无遗。

章楶的词的确是佳作，但苏轼的词则达到了后人难以企及的艺术高度。王国维特别指出苏、章二人之“才之不可强也如是”，确实道出了根本。

谈纳兰性德词：贵在真切

《人间词话》一书既是王国维一生成果之里程碑，亦是在此著作中提出了王氏意境学说之美学体系。《人间词话》经常以寥寥数语切中要害，言简意赅之出体现美学真谛，不禁让人拍案叫绝。正因为如此,《人间词话》也由此成为了众多后世诗词研究者不能绕过的一道里程碑。

《人间词话》中，王国维对先代众多诗词作家其人、其作做出了恳切而一语中的的评价，其中对于纳兰性德的评价极高：

> 纳兰容若以自然之眼观物，以自然之舌言情。此由初入中原，未染汉人风气，故能真切如此。北宋以来，一人而已。

纵观《人间词话》全书，如此高的评价实属难得。后世众多学者对《人间词话》进行解读，其中自然也包括王国维对纳兰性德的评价。包括王文生、任访秋在内的学者对王国维所言“以自然之眼观物，以自然之舌言情”作出了诠释，但却鲜少有人从纳兰性德其人、其作进行解释。有人说，王国维之所以认同、推崇纳兰容若，最根本的原因在于王国维认同野性自然，希望回归自然。然则，追寻本色回归可能是其中一个浅显的原因，却不足以成就王氏对纳兰容若如此之高的评价。要理解王氏之说，还需从纳兰容若其人、其作入手。

纳兰其人、其作

晚清词人王国维曾评价，17 世纪偌大的北京城，既是康熙大帝的，也是纳兰性德的。康熙大帝是大清王朝最英明的帝王，拥有显赫功勋；纳兰性德，既是康熙大帝御前的一等侍卫，也拥有众多传世词作。较之康熙帝坐享高寿，纳兰性德却英年早逝。他的早逝于北京城而言，仿佛一颗璀璨的流星划过天际，让整个北京城都为之黯然失色。

纳兰性德于顺治十一年腊月十二日（1655 年 1 月 19 日）出生于北京，原名纳兰成德，字容若，号楞伽山人，是满洲正黄旗人。纳兰家族是清朝初年满族最为显赫的八大家族之一，他的父亲纳兰明珠是当时权倾朝野的宰相。纳兰性德自幼聪颖好学，有过目不忘之本领，还继承了满族人崇尚习武的传统，精通骑射之术，可谓文武兼备。尤为引人注意的是纳兰性德在诗词方面的造诣，早在二十多岁时，纳兰就凭借着写得一手好词而名动天下。纳兰性德所著《侧帽集》和《饮水词》（后改名为《纳兰词》）在当时就已经引得文人骚客争相追捧。

然则，与当时满清的贵族文人或武将相比，纳兰性德又如此与众不同。他虽然身为满人贵族，却一生痴迷于汉文化；他虽然担任御前侍卫之职，却是一个不折不扣的文人；他虽贵为八旗子弟，却酷爱结交落魄而有才的汉族文人；他虽出身名门、一生为仕，却为情所累，是个痴情人。就像后世所评价的，纳兰性德的一生“以风雅为性命、以朋友为肺腑”。

王国维所欣赏的也许正是纳兰性德词作中那一份真切和天真。纳兰性德生于官宦之家，世俗文人所忧心的衣食住行，乃至功名利禄统统不在他的考虑范围内。他既是当朝宰相家的贵公子，又是康熙皇帝眼前的红人，他手握着不可限量的前途，却拥有一颗游离于喧嚣市井之外的心境，就像陶渊明所说的“身在高门广厦，常有山泽鱼鸟之思”。应该说，举世再没有一个文人墨客能像纳兰性德这般惬意和幸运了。在为康熙保驾护航之余，他有钱、也有闲从事自己所热爱的吟诗填词的工作，就连康熙帝也对纳兰的词爱不释手。

在词作方面，纳兰性德有着自己的独到见解，他认为好的作品必须要有真情实感，主张“诗仍新声，性情中事也”。纳兰一生词作共三百余首，主题为爱情、友情或护驾出行等内容。纳兰词作之爱情篇，后世评价“哀感顽艳、缠绵婉约、幽艳哀断、幽怨凄黯”等，其他的行旅篇虽然在一定程度上反映了出门在外羁旅的“羁栖良苦”，却又着力表现“山一程，水一程”“风一更，雪一更”的壮阔景色，只在不经意间流露出些许“不知何时萦怀抱，醒也无聊，醉也无聊，梦也何曾到谢桥”的凄苦。

康熙二十四年（1685），纳兰性德跟随康熙南巡，回京后不久就染上了重疾，一病不起。1685 年五月，年仅 31 岁的纳兰性德与世长辞，为后世留下的是三百余首艳丽凄婉的词作。随着叶赫那拉家族的衰落，永远在史书上留下一缕幽芳的反而是那个清高中带着点固执的词人，纳兰性德和他的《纳兰词》。

真切：王国维眼中的纳兰词

中国历朝历代众多词作家，王国维为何独独推崇纳兰性德呢？单说清朝，诗词佳作就不在少数，但在这千千万万的清词中王国维却唯独看好纳兰词。王氏在《人间词话》手稿中亦有涉及“朱、陈、王、顾”诸家，即朱彝尊、陈维崧、王士祯、顾贞观等人，却觉得寥寥无味，只评价为“便有文胜则质史之弊”。诸多词作，王国维独独看好纳兰容若，自然有他的理由。在他看来，纳兰性德之词之所以动人，最难能可贵的地方在于其真切，这亦是王国维美学观念中所推崇的重要观点。

回到《人间词话》的开篇，王国维说：“词以境界为最上。有境界则自成高格，自有名句”。王国维强调境界，而纳兰性德在边塞词中所描述的“夜深千帐灯”“万帐穹庐人醉，星影摇摇欲坠”体现的都是一种与自然融为一体之境界。王国维在《人间词话》第六则说：“能写真景物、真感情者，谓之有境界。否则谓之无境界。”纳兰词中“醒也无聊，醉也无聊，梦也何曾到谢桥”体现的正是一种欲说还休的真挚感情。王国维提倡的“境界说”在纳兰词中一一得以印证，也无怪乎王国维对纳兰作出如此之高的评价。

然而后世却认为，王氏评价纳兰性德“北宋以来，一人而已”，则未免有失偏颇，过于抬高了纳兰性德。事实上，《人间词话》并不是一本严格意义上的学术著作，因为通篇有强烈的王氏主观色彩，在行文中他时常直接说出自己对于先代诗人、词人之好恶。两宋时期的词作鲜少有对塞外生活的描述，而清初纳兰词对于塞外风光的表现正好填补了词作“边塞词”中所存在的空白。纳兰之边塞词措辞豁达高远，境界雄浑悲切，从这一角度来看也正好契合了王国维所推崇的“境阔”之说。

第二章

言气质、神韵不如言境界

——读王国维《人间词话·下卷》

王国维认为，论诗应当以“境界”为标准，古人论诗或以“气质”，或以“神韵”，都不全面，也没能切中要害。他说:“言气质，言神韵，不如言境界。有境界，本也。气质、神韵，末也。有境界而二者随之矣。”“境界”的提出，对于中国传统诗学体系，是一次巨大的提升。

谈史达祖、吴文英：
词失之肤浅

王国维在《人间词话》中，对南宋词的整体评价颇低，除了人称“词中之龙”的辛弃疾，对其他词人都多有诋斥，甚至干脆全盘否定。这种观点提出后，曾引起相当大的争议，被众多学者认为是情绪化的偏颇之见。王国维之所以作出这种论断，其主要标准便是词之“境界”的高下有无，其实在他这样的“偏见”背后，隐藏的是他对中国传统文化的坚持，体现着他对文化的选择。当我们从文化层面来探讨王国维的词论，可进一步加深对于这位国学大师的理解。

在评论几位南宋词人时，王国维是这样说的：

梅溪、梦窗、玉田、草窗、西麓诸家，词虽不同，然同失之肤浅。虽时代使然，亦其才分有限也。近人弃周鼎而宝康瓠，实难索解。

对于史达祖、吴文英、王沂孙、张炎、周密、陈允平等人，王国维认为他们的词有个共同点——肤浅，虽是南宋社会风气使然，但也因为这些人的文才确实有限。近人舍弃真正的大家，而推崇这些平庸之才，令王国维费解得很。

“周鼎”与“康瓠”的差距

“弃周鼎而宝康瓠”一句，出自贾谊《吊屈原赋》：“乌呼哀哉，逢时不祥。……斡弃周鼎，宝康瓠兮。”周鼎乃是国之重器，康瓠不过是价值低廉的酒壶。

王国维的这番感慨，是因近人师法南宋词而发。史达祖、吴文英、张炎、周密、陈允平等南宋词人都不过是“康瓠”般的庸才，北宋词人才是周鼎一样的良才，可近人居然颠倒价值，对那些肤浅的人顶礼膜拜，实在难以理解。

王国维所说的“肤浅”，应是指他们追求的是形式上的华美，在所谓“寄托”上极为相似，缺少个性化的情绪表达，以致这些作品表面上有所不同，可内容却惊人的一致。南宋词的类型化的确是一个比较突出的现象，那么为什么会这样呢？分析其原因，王国维认为大致有两点：

首先，南宋时期已经不是词体昌盛的时代了，这些人无力对抗文体始盛终衰的规律；其次，以史达祖、吴文英为代表的南宋词人们，创作的天资欠佳、才能有限，所以这些人也无法从个人的层面上去超越文体的局限。时代和个人的因素的共同作用，令南宋词大幅度地整体衰落。

王国维评断词的高下，最看重的当属“意境”。客观的外在世界，以及由喜怒哀乐各种感受构成的心境，是境界中不可或缺的两部分，互为表里。那么，为何南宋词人会丢了“境界”呢？

以“境界”论两宋

中国传统文化，及其对文学的影响，王国维是这样看待的，他在《屈子文学之精神》中说：

我国春秋以前，道德政治上之思想，可分之为二派：一帝王派，一非帝王派。前者称道尧、舜、禹、汤、文、武，后者则称其学出于上古之隐君子，（如庄周所称广成子之类。）或托之于上古之帝王。前者近古学派，后者远古学派也。前者贵族派，后者平民派也。前者入世派，后者遁世派（非真遁世派，知其主义之终不能行于世，而遁焉者也。）也。前者热性派，后者冷性派也。前者国家派，后者个人派也。前者大成于孔子、墨子，而后者大成于老子。（老子、楚人，在孔子后，与孔子问礼之老聃，系二人，说见汪容甫《述学·老子考》。）故前者北方派，后者南方派也。此二派者，其主义常相反对，而不能相调和。初孔子与接舆、长沮、桀溺、荷蓧丈人之关系，可知之矣。战国后之诸学派，无不直接出于此二派，或出于混合此二派。故虽谓吾国固有之思想，不外此二者，可也。

在对两种学派作出这番评价后，王国维又进一步指出了双方在文学上表现出的差异：诗歌为北方学派特有，南方学派仅有散文这种文学形式。这是因为“诗之为道，既以描写人生为事，而人生者，非孤立之生活，而在家族、国家及社会中之生活也”。北方学派是入世的，要“以坚忍之志，强毅之气，持其改作之理想，以与当日之社会争”，凭借对现实生活的深刻体验，为诗歌创作积累了丰富的题材和情感积淀；而南方学派的理想是遁世，“南方之人，以长于思辨，而短于实行，故知实践之不可能，而即于其理想中求其安慰之地”。

王国维将屈原推为融合了“南方人之想象”与“北方人之感情”的诗人代表。这种南北文化的结合，令屈原成为先秦文学中最闪亮的明星，为后世文学树立起新的标杆。而将北方学派积极入世的激昂，和南方学派的瑰丽想象，在词中加以结合的辛弃疾，同样伟大。“南宋唯一稼轩”，可见王国维对他是推崇之至的。

南宋词人追求的多为清雅之境，辛弃疾继承的则是苏轼的豪放。辛弃疾写下了许多壮怀激烈的佳作，堪称豪放一派的集大成者，在他的作品中我们能看到时代的风云变幻，感受到他的爱国热情，以及报国无门的惆怅。王国维论词，看重的乃是其中的文化、精神，而史达祖、吴文英等人欠缺的正是这一点。

谈填词：不喜作长调，尤不喜用人韵

宋词的创作特点，是按谱填词。经过长期的艺术探索与创作实践，宋代词人总结出了许多创作方法，扩大了的应用范围，增强了词的表现能力，提高了词的艺术水平。这些创作方法，依照类型来区别，除了原创性的按谱填词外，主要还有和韵、集句和隐括。“和韵”是唐宋时期，进行诗、词创作的主要方式之一。

词按照长短规模，可分为小令、中调、长调。一首词，如果只有一段，称为单调；有的分两段，称为双调；分三段的称三叠，分四段的则为四叠。

王国维谈自身创作

余填词不喜作长调，尤不喜用人韵。偶尔游戏，作《水龙吟》咏杨花，用质夫、东坡倡和韵，作《齐天乐》咏蟋蟀，用白石韵，皆有与晋代兴之意。然余之所长殊不在是，世之君子宁以他词称我。

王国维自称，填词不喜欢作长调，尤其不喜欢和别人韵，偶尔游戏，作《水龙吟》咏杨花，用章楶、苏轼唱和韵，作《齐天乐》咏蟋蟀，用姜夔韵，都是想着能后来居上。但是他也承认，自己在这方面确实并不擅长。

此则王国维说自己的两个“不喜”：其一是不喜欢作长调；其二是不喜欢和人韵。这两个“不喜”其实都与他的审美情趣有关。

长调因为篇幅较长，所以格外讲究结构的安排，在起接之间要特别注意表现情感的曲折，而王国维提倡的是即兴而作。对他来说，创作长调会丧失自然的乐趣，同时，因为长调多用赋的手法来进行表现，所以在“深远之致”上多有欠缺。和韵词因为在主题和韵字上要受到原唱限制，有些时候难免要通过改变自己的构思来迎合原唱的要求。

可见，无论是长调的体制，还是和韵的方式，都会受到种种的限制。这种限制不仅会损失一些情景的“真”，也会影响到表达方式的“自然”。然而，尽管“不喜”，但王国维还是有过这样的创作。在此，王国维举了自己的《水龙吟·杨花用章质夫苏子瞻唱和韵》和《齐天乐·蟋蟀用姜石石原韵》，两首词都是长调和韵词。王国维自认不是随便的作品，而是带着超越原唱的野心的。至于这两首词的创作水平，王国维没有正面评价，但想来评价也不会太高。

宋人为何喜欢和韵

所谓“和韵”，又称“唱和”“赓和”“酬唱”“唱酬”，“和韵”之作最先出现于诗体中，后来移入词体之中。“和韵”始于张先，又经苏轼推动，风气大开，陆续出现了大量的“和韵”之作。在“和韵”“和题”之外，还有“分题”“分韵”。所谓“分题”，就是指事先规定多个题目，然后分配到每个人，分别吟咏；“分韵”则指在座每人各分一个韵字，各按其韵字来押韵填词。

其实，这些“分题”“分韵”与“和题”“和韵”性质相同，都是词人雅集时的相互唱和，也就是所谓的“匠人的词”。清代的陈廷焯在《白雨斋词话》说：“诗词和韵，不免强已就人，戕贼性情，莫此为甚。张玉田谓‘词不宜和韵’，旨哉斯言。”然而，词本身就是“酒筵歌席”上的产物，并且依调填词本身也是一种“和”，所以，不管“和韵”也好，“和题”“分韵”“分题”也罢，都是士大夫阶层常用的一种文学与社交的语言，在他们的日常生活里也是具有重要的文化功能的。

清代词人周济说：“北宋有无谓之词以应歌，南宋有无谓之词以应社。”北宋词主要是用来应歌的，南迁之后，结社之风日盛，其中比较著名的包括：如徐俯、吕本中等人的豫章诗社，叶梦得等人的许昌诗社，杨缵、周密等人的西湖吟社。唱和作为诗社、词社活动的基本形式，促使了人们以“和韵”的方法来进行创作，因此，“和韵”就成了宋代词人常用的创作方法之一。

王国维的创作风格

著名学者周策纵教授，在评论王国维的词作时是这样说的：“王国维词令人读之有‘无可奈何’，‘似曾相识’之感。古今大悲剧诗人无不使人有此感也。”周策纵把这种“无可奈何”解释为“宇宙悠悠，人生飘忽，悲欢无据之意境，亦即无可免之悲剧”。

王国维的创作充满悲剧感，这与他的人生经历是分不开的。王国维所处的那个时代是一个真正的“世变”时代，诸如：甲午海战、戊戌变法、慈禧新政、庚子之变、辛亥革命、清帝逊位、张勋复辟、袁世凯称帝、五四运动、北伐战争，等等。短短50年间，变化却是翻天覆地。王国维一直主张创作要“真”，他的情感抒发并不是完全私人的，他与那个时代、那个社会有着真切的关联，所以他的思想与情感也打上了深深的时代烙印。

结合王国维的一生来看，“忧生”与“忧世”的确增加了其作品的人性深度与生命践履的悲剧性。

谈学与工：易学难工，难学易工

文、诗、词三种文类，在浩瀚的文学史上各有精彩的代表作，无法分出高下。那么，在难易程度上能否作出比较吗？对于这个问题，王国维在《人间词话》中给出了答案：

散文易学而难工，骈文难学而易工；近体诗易学而难工，古体诗难学而易工；小令易学而难工，长调难学而易工。

散文容易学而难以精巧，骈文难学而容易精巧；近体诗容易学而难以精巧，古体诗难学而容易精巧；小令容易学而难以精巧，长调难学而容易精巧。王国维之所以给出这样的观点，同样是以“境界”为标准的。

散文对形式上的要求较少，所以容易入手，但讲究的是在看似随意之中写出神采，这样的分寸其实是很难拿捏的，所以王国维说散文易学而难工；骈文在句式、对偶、用典等方面有许多规范要注意，所以初学者大多把握不好，然而这些不过是形式上的东西，只要多写多练，自然便熟悉了，所以王国维认为骈文难学而易工，近体诗对格律、对仗的要求甚是严格，所以入门也难，但领会之后，也不难做到工整，古体诗在形式方面的限制很少，所以初学容易，但要真的写好，却并不简单。

至于小令与长调的区别，归根结底讲究的主要也就是伫兴而作和布局的差别。王国维在《人间词话》中反复表达过重北宋轻南宋的整体评价，北宋词以小令为主，南宋词则多是长调，于是北宋词的文体意义和审美价值，也就在这种简单的比较中凸显出来了

骈文与散文的区别

骈文起源于汉、魏，形成于南北朝，其形式特点主要有两点——对与典。

所谓“对”，是说声调韵律要讲求平仄相对；遣词用字要讲求意义相对。言要对，事也要对。言对为易，事对为难；反对为优，正对为劣。正对，如吴均的“泉水激石，泠泠作响；好鸟相鸣，嘤嘤成韵。蝉则千转不穷，猿则百叫无绝。鸢飞戾天者，望峰息心，经纶世务者，窥谷忘返”。反对，如庾信的“将军一去，大树飘零。壮士不还，寒风萧瑟。荆璧睨柱，受连城而见欺；载书横阶，捧珠盘而不定。钟仪君子，入就南冠之囚；季孙行人，留守西河之馆”。

所谓“典”，是说应按照古文的言辞与话题来创作，达到意婉而尽、言不尽意的效果。例如，六朝崇尚“三玄”——《周易》《老子》《庄子》，在庾信的《哀江南赋》中是这样表现的：“傅燮之但悲身世，无处求生；袁安之每念王室，自然流涕。……潘岳之文采，始述家风；陆机之辞赋，先陈世德。……《燕歌》远别，悲不自胜；楚老相逢，泣将何及！畏南山之雨，忽践秦庭；让东海之滨，遂餐周食。下亭漂泊，高桥羁旅。楚歌非取乐之方，鲁酒无忘忧之用……”

若将骈文用来叙事会显得过于模糊，但作为情绪化、形象化的叙述，则具有巨大的艺术魅力。

自六朝以来，为区别于韵文与骈文，把凡不押韵、不重排偶的散体文章，包括经传史书在内，概称“散文”。

散文讲求的是形散神聚。“形散”既指题材广泛、写法多样，又指结构自由。“神聚”既要求中心集中，又要有贯穿全文的线索。散文不管写人还是写事都是为情感服务的，情感体验就是“不散的神”。

古体诗与近体诗的易与同

古体诗也称古风，有“歌”“行”“吟”三种载体，按诗句的字数不同，可分为四言、五言和七言等。《诗经》中收集的上古诗歌多为四言，到两汉、魏、晋仍有人写四言诗，其中以曹操的《观沧海》、陶渊明的《停云》最为著名。五言和七言古体诗作较多，简称五古、七古，唐人又称七古为长句。诗句长短不齐的则是杂言诗，《诗经》和汉乐府中都有不少杂言诗，到了唐朝这种诗歌发展的顶峰，杂言诗中也涌现出不少经典之作，如李白的《将进酒》、杜甫的《茅屋为秋风所破歌》等。

近体诗又称今体诗或格律诗，对句数、字数、平仄、押韵都有严格的限制，分为律诗和绝句，又各有五言、七言之别。

古体诗和近体诗，在字数、句数、格律、用韵上有所不同，但对“意象”都是同样重视的。

意象是诗学中一个极为重要的概念，诗一般不会整篇全用抽象的语言来表达抽象的情感，于是就要借助意象了。所谓意象，是指融汇了诗人主观情思的客观物象。诗人内心的主观世界和他面对的客观世界，要靠意象来沟通，因此不管是古体诗还是近体诗，都很重视意象的作用。

小令与慢词长调的难易

《花间集》收录的都是诗人所作的曲子词，其中多半都是小令。一方面因为小令的格式同诗相比，较为接近，诗人写小令更加顺手；另一方面，慢词长调当时是流行于市井的俗曲，而诗人通常自命高雅，他们不屑于写这样的里巷俗歌。

慢词长调虽不够高雅，可学起来却并不简单，由于要配合音乐的曲谱，所以对格律要求更加严格，字句也不能像诗那么随意。慢词长调要铺排，既然叙述得铺陈开来，自然不能只以一个重点的感发为主，初学者的难点多在这方面。

王国维认为小令比长调易学，却比长调难工。因其难工，所以更有文体意义和审美价值。

王国维的这则词话源于袁枚的《随园诗话》，“吴冠山先生言：‘散体文如围棋，易学而难工。骈体文如象棋，难学而易工。’余谓古诗如象棋，近体如围棋”。王国维以此为基础，进一步把词的小令和长调也包括进来。

袁枚这样解释自己的观点：“作古体诗，极迟不过两日，可得佳构；作近体诗，或竟十日不成一首。何也？盖古体地位宽余，可使才气卷轴；而近体之妙，须不着一字，自得风流，天籁不来，人力亦无如何。今人动轻近体，而重古风，盖于此道，未得甘苦者也。叶庶子书山曰：‘子言固然，然人功未及，则天籁亦无因而至。虽云天籁，亦须从人功求之。’知言哉！”

不过，我们应当看到的是，任何一个文类都有其辉煌的佳作，简单地按照类型为它们分出难易高下并不妥当。

谈习惯：
习惯杀人

1925 年，日本学者青木正儿到访北京，在此期间与王国维的一番谈话，给他留下了深刻的印象。“先生问我到这儿主要做什么学问，我回答打算看看戏，再者关于元代以前的戏曲史已经有先生的大作，我自己想写明以后的戏曲史。先生先是谦称‘我的著作没什么意思’。然后生硬地说，‘可是明以后的戏曲没有味道，元曲是活的文学，明以后的戏曲，死去了’。此时我觉得有点儿反感，元曲是活的文学，这是公认的评价，可是明清的戏曲也不一定都是死去了的。”

王国维作出这样的判断，正是基于“自然”的标准。王国维以为，一种文体由盛而衰、由升而降的原因，就是丧失了这种“自然”的生气所致，由此蜕化成徒具形式的“羔雁之具”。戏曲如此，诗、词亦不例外。

“习惯”扼杀天才

社会上之习惯，杀许多之善人；文学上之习惯，杀许多之天才。

这则词话谈的是“习惯”的弊端，不仅令社会失去善人，还使文学失去天才。所谓“习惯”，就社会而言，指的是束缚人类本性的各种社会关系，包括思想的约束、礼节的规范、名利的诱惑，等等。这些习惯使人的善性有了改变，而且习惯越多，人的善性丧失得越多。王国维应该是“人性本善”论的拥护者，认为人在本质上是不受习惯制约的，人性需要的是爱护而非改变。

“习惯”在文学上主要表现为各种文体程式规范。依照王国维的思路，一种文体在刚刚兴起的阶段大多没什么限制，高度的自由使文人可以把将自己的真情实感以最自然的方式表现出来。然而，当参与这种文体创作的人多起来之后，怎样通过各种烦琐的规范来炫技逞才蔚然成风，如何表现真性情反而容易被忽略，于是，这种文体的衰落便指日可待了。一个人无论在文学创作上多有天赋，囿于种种规范，也会受制于文体范式，从而失去天才。王国维痛恨“习惯”的原因，便在于此。

神来兴到才是天才之作

把“自然”作为判断文学的发展方向与价值的基本尺度，是王国维接受西方“自然天才理论”影响的产物。根据这种理论，任何一种新的文学样式，都出于天才艺术家的创造，而不是向传统学习的结果。用康德的观点来说，这就是自然通过天才来为艺术制定规则的过程。然而，当各种规则被制定出来，并受到追随者的模仿后，天才的创造就会渐渐沦为某些僵化的程式。也就是王国维所说的“通行既久，染指遂多，自成习套”。

一种文学就这样慢慢地由“自然”走向“不自然”，由繁盛走向衰亡。继而，又会有一批新的艺术天才因为唾弃旧套路而另辟蹊径，创造出新的文学样式，也就是王国维说的“豪杰之士，亦难于其中自出新意，故遁而作他体，以自解脱”。

王国维在《人间词话》中提出的多个概念，如“造境”“写境”“写实家”“理想家”等都源自席勒。席勒的重要论文《论素朴的诗和感伤的诗》是最早从历史发展的角度观察诗歌的，着眼于诗歌与自然的关系。席勒认为，在古希腊、古罗马时期，人性尚未遭到分裂，诗人与自然之间关系和谐，诗人不必去外面找寻自然，他自身就是自然。近代文明令人失去了自然，因此诗人对自然的感情是依恋而伤感的。席勒对古代素朴诗人和近代感伤诗人的区分，就是以此为基础的。从这种立场出发，人们会得出一个令人难过的结论——社会的进步，必然要以牺牲艺术作为代价。黑格尔后来在《美学》中对艺术前途的悲观预言，也是基于此种观点。

一种失去生命力的文学形式，肯定会被另一种生机蓬勃的新文学所取代，天才一定能够突破“习惯”。

康德认为，天才是无法科学地说明自身创作的成因的。王国维十分赞同康德的观点，也把天才和规则、习惯等看作是势不两立的对立面，还把是否具有独创性看成是评判天才与否的准绳。

王国维又融合了叔本华的一些思想，把这种独创性表述为“感自己之感，言自己之言”。在《文学小言》中，王国维就以能否做到“感自己之感、言自己之言”为标准，从屈原开始直至清代王士祯，对近两千年间的多位著名诗人进行了品评。在中国诗歌史上，王国维承认的天才只有“屈原、渊明、子美、子瞻”，因为他们都能做到“感自己之感、言自己之言”，而第二流的诗人只能“感他人之所感、言他人之所言”。

王国维在建构自己的“自然”观时，有意识地结合了中西两种完全不同的思想资源，虽然现在看来有一定的局限甚至谬误，但在当时已是极大的突破了。

谈“景语”与“情语”：一切景语皆情语

我国诗歌自古就重视情与景的交融，王国维在《人间词话》中说：“昔人论诗词，有景语、情语之别。不知一切景语皆情语也。”在诗歌理论上，无论是“意境说”还是“神韵说”，不管是创作论还是欣赏论，都是以对这一问题的阐述、推演为逻辑起点的。

从笛卡尔开始的近代认识论上的二元论，通过自然与人的对立关系来研究问题，假设一个脱离世界独立存在的主体，造成人与自然世界、主体与社会客体的分裂，这道鸿沟挡住了无数西方哲学家的才思。然而，中国哲学从开始就基本上以“天人合一”作为精神的最高境界。

中国人认为，自然与人是一体的，大自然赋予了人们赖以生存的生活资料，人应当顺应自然的变化。这种传统后来被上升到认识论和伦理学的高度上，又演化为人与自然、人与社会应当和谐共存的思想。继而又把自然现象拟人化，为景物赋予了人的属性，把自然界的一切看作是“天”的有意识、有目的的安排，认为四时更替、草木长荣衰都是天和人一样有意志、有感情的表现。

情志是心灵的通道

刘勰在《文心雕龙·原道》中说：

仰观吐曜，俯察含章。高卑定位，故两仪既生矣。惟人参之，性灵所钟，是谓三才，为五行之秀，实天地之心。心生而言立，言立而文明，自然之道也。

这种“人心通天”的感应关系是中国传统审美的基础，由此影响到一系列文学思想及其创作实践，刘勰将这种感应关系归纳为心物交融说。他在《文心雕龙·物色》中是这么说的：

是以诗人感物，联类不穷，流连万象之际，沉吟视听之区。写气图貌，既随物以宛转；属采附声，亦与心而徘徊。

大千世界，茫茫万物。人能够认识物，还能够在客观世界里改造物，同时也能在自己的主观世界里塑造它们。心物之间是融汇交流的，同样的外部环境，在不同的人心中会产生不同的感悟，由此创作的作品自然也是不同的。

情感既是个人的，也可以是与社会普遍情感相联系的。著名的诗人、文学批评家托马斯·斯特尔那斯·艾略特曾在《传统与个人才能》一文里提出过非常重要的“非个性化”的论点。他说：“诗歌不是感情的放纵，而是感情的脱离；诗歌不是个性的表现，而是个性的脱离。”要求诗人“脱离”一己的私情，而当寻找人皆有之的“普通的感情”。然而个人情感与普遍情感是难以分割清楚的。

按照中国传统的观念与语言习惯，如男女之情一类的个人情感可称为“情”，而“志”则明显带有关心社会时事的倾向。不同于与西方文艺理论对形象塑造的强调，我国古文论看重的是情志的抒发，所以评诗论文时看的是内在的气、韵、意，并非能否塑造出典型形象。最早提出“文以气为主”的是曹丕《典论·论文》。后来刘勰、钟嵘也以作为评断诗文好坏的标准。

清代诗论家叶燮认为“作诗有性情，必有面目”。杜甫就是其中颇具代表性的：

> 如杜甫之诗，随举其一篇与其一句，无处不可见其忧国爱君，悯时伤乱，遭颠沛而不苟，处穷约而不滥，崎岖兵戈盗贼之地，而以山川景物、友朋杯酒抒愤陶情，此杜甫之面目也。我一读之，甫之面目，跃然于前。

杜甫的作品充分说明个人情感与普遍情感并不冲突，他将一己的哀乐升华为悲天悯人的情志，个人情感便成了普遍情感。“情志”是我国传统文学的出发点，为了表达情志，便以“象”为桥梁，同时又以情志统摄着象，从而达到情景交融的效果。

“有我之境”“无我之境”同“情语”“景语”的区别

王国维在《人间词话》中把艺术境界分为“有我之境”与“无我之境”两种，他说：“有我之境，以我观物，故物皆著我之色彩。无我之境，以物观物，故不知何者为我，何者为物。古人为词，写有我之境者多，然未始不能写无我之境。此在豪杰之士能自树立耳。”又说：“无我之境，人惟于静中得之；有我之境，于由动之静时得之。故一优美，一宏壮也。”

由于王国维的解释过于简单，令后人在理解上产生了不少分歧。王国维的美学思想深受康德、叔本华的影响，不少具体观点直接引用了康德、叔本华的理论，如艺术的无利害性质、悲剧起于欲望等。两种境界说与叔本华诗歌理论同样有着密切关系，如果将两种境界说完全归于叔本华的抒情诗理论，那就未免以偏概全了。

尽管王国维是康德、叔本华美学思想的拥护者，也是一位深受中国传统文化影响的学者。中国传统哲学的熏陶，使他虽受西方理论的影响，但又不被西方理论所束缚。

“以我观物”和“以物观物”这两种体物方式的根本区别在于：前者是以一己之见观物，以凡人之心观物，为有限之观物，后者是以万物之理观物，以道心观物，为无限之观物。这两种观物方式的主体都是人，也就是“我”，但前者的“我”没有彻底超越，是为“有我”，后者的“我”彻底超越“自我”而与物合一，是为“无我”。王国维的“有我之境”与“无我之境”学说，正是建立在中国古代哲学这种“体物”论的基础上的，决不可完全归结为叔本华诗歌理论的影响。

“有我之境”是以我观物创造的境界，“无我之境”是以万物之理观物创造的境界，“有我之境”的情没有超越一己之情，更为主观，“无我之境”的情超越了一己之情，并与普遍之理融合统一，更为客观，所以不可简单地把前者理解为情语，将后者归为景语。

谈诗与词：诗之景阔，词之言长

词之为体，要眇宜修，能言诗之所不能言，而不能尽言诗之所能言。诗之境阔，词之言长。

这则词话是说诗词有别，在艺术风格上有所不同。简单来说，就是词的境界比诗狭窄，但抒情的深度比诗更进一步，情味更加悠长。

那么，为什么会“诗阔词长”呢？

艺术特质决定诗词特点

首先，这是由于诗、词两种体裁的艺术特质决定的。我国的诗歌源远流长，体制多样。从广义上来讲，词也属于诗的一种。词生于唐，而盛于宋，是随着隋唐燕乐兴盛而兴起的音乐文艺。对于诗的发展历程，王世贞是这样说的：“《三百篇》亡，而后有骚赋，骚赋难入乐，而后有古乐府，古乐府不入俗，而后以唐绝句为乐府，绝句少宛转，而后有词。”

在唐诗中，大部分是与乐分离的，只有少部分可以和乐，例如绝句。可绝句整齐，无法满足音乐的节奏变换，听起来不够婉转。于是，词就应运而生了。

词是具有音乐性的，以曲填词，词的长短就必然会受到曲谱的限制。诗就不一样了，无论古体诗还是近体诗，都不受篇幅限制，可以短小精悍，也可以洋洋洒洒达千言。长诗如白居易的《游悟真寺》长达1300字，可最长的词调《莺啼序》也不过240字。诗的体制可以不受限制，而词的体制严格受限，诗大而词小是造成“诗阔词狭”的一个原因。

其次，从题材、内容来看，诗也比词要广泛。我们今天能看到许多优秀的长诗，或叙事，或记游，如《游悟真寺》就是一篇精彩的记游诗，而叙事诗则以杜甫的“三吏”“三别”为代表，这样的作品在词中是没有的。词的题材是比诗要狭窄一些，词不是面的展开，而是点的深入，抓住一点进行渲染，揭示人物内心深处的矛盾与挣扎，更丰富地展现人物的内心世界。

显然，词是向着抒情的深度发展的，所以不能简单地评价诗词之间孰高孰低，尤其不能因为词较少反映民生、时事，就理解为词不如诗。

意境创造大不同

“诗阔词长”也表现在诗词创造意境方面的不同特点。诗境可用阔大厚重的意象，词境则多选取细小灵动的意象，相比之下，诗境明显且表意直白，词境隐晦而表意委婉。

例如，同样是受到排挤无法立足于朝堂，李白与秦观的表达方式就完全不同。

李白在《行路难》中这样抒发自己愤怒与悲苦：“停杯投箸不能食，拔剑四顾心茫然。欲渡黄河冰塞川，将登太行雪满山。”冰封的黄河，欲渡不能；盖雪的太行，欲登不可。主人公停杯投箸，满心茫然地拔剑四顾，雄浑广阔的景物和诗人心中深沉的情感完美结合，而诗意也是十分明白的。

秦观在《浣溪沙》中则这样表达不得志的愁苦：“漠漠轻寒上小楼，晓阴无赖似穷秋，淡烟流水画屏幽。自在飞花轻似梦，无边丝雨细如愁，宝帘闲挂小银钩。”漠漠轻寒中的小楼，室内的幽屏上绘着淡烟流水，结合飞花、丝雨、宝帘、银钩等纤小细微的景物，迷离的境界与主人公迷茫的心境，完美结合，构成了词的意境。

不过要注意的是，说诗表意直白，并不等于诗就不能含蓄，以杜甫的《春望》为例：

国破山河在，城春草木深。感时花溅泪，恨别鸟惊心。
烽火连三月，家书抵万金。白头搔更短，浑欲不胜簪。

这首诗充满了伤时忧国的悲壮之情，山河依旧，可国家已不复当年的安定富足，城廓禁苑掩盖在荒草之下，烽火狼烟烧尽一个春，写景取境阔大浑莽，但颇具含蓄之美，主要体现在对比、衬托和景物的感情化中。司马光认为此诗妙就妙在“贵于意在言外，使人思而得之”。

可见，诗词都重含蓄，只是特点有不一样的地方，唐诗的含蓄重意兴，宋词的含蓄，重韵味。

造成“词之言长”的原因之一就是“词境隐、其意曲”。沈祥龙所说：“词得屈子之缠绵悱恻，又须得庄子之超旷空灵，盖庄子之文纯是寄言，词能寄言，则如镜中花，如水中月，有神无迹，色相俱空，此惟在妙悟而已。”那么，这样的意境特点又是因何产生的呢？

第一，就是刘勰所说的“文变染乎世情，兴废系乎时序”，是时代审美意识的体现。从中唐以后，时代精神就从世情变为心境了，表达心境，意境自然就要幽微含蓄、深情绵邈。

第二，封建伦理道德对人性的束缚。词很多时候都是在秦楼楚馆中演唱的，男欢女爱不宜表现得露骨，就只能采用朦胧的手法。

第三，受到体制的限制。词的体制小，如果要表现复杂的内容，意境隐曲可以扩大艺术容量。

音乐的影响，也是令“词之言长”的原因之一。宋人论词说：“音律欲其协，不协则成长短之诗。”正因为词是这样成长和定型的，所以即便后来词乐失传，但词的音乐感依然保留了下来，失了乐的词调，仍可体现音乐的节奏和感情。当然，也有的大家突破原有格调，另辟蹊径的。比如，《念奴娇》这个词牌，得名于唐天宝年间的著名歌妓念奴，其歌声激越清亮，深得玄宗青睐。《念奴娇》原本风格娇媚，但是苏轼的一首《念奴娇 · 赤壁怀古》却写得苍凉悲壮。

“诗之境阔，词之言长”是体制造成的，也因此构建出不同的意境。无论诗还是词，都是我国文学史上的璀璨明珠，并无高下之分。

谈境界：借古人之境界为我之境界

王国维在《人间词话》的创作上有一个最显著的特色，就是化用前人诗词，借用前人“境界”，再在其中加入自己的“意”，以西方哲学结合中国传统思想，堪称近代西方哲学和传统文艺形式的完美统一。

在王国维的化用中，有些是直接借用前人的词语“点铁成金”，有些在引用时作了细微修改，使之与自己的作品更加融合，还有更为隐蔽一些的化用方式——套用句式，等等。借用前人的境界，来表达自己的境界，古为今用，西为中用，人为我用，时至今日仍在给予人们启发。

古人之境界与我之境界

借用前人成句来表达自我，并非王国维首创。北宋名士晁迥评诗，会融合儒、释、道三家教义，他认为诗应“弥缝”“经教法门”之阙，“吐辞精敏，入道深密”，表现“静胜境”中的“天香”“天乐”“天簧”，以“晓悟于人”。他的想法，与王国维基本一致：“每览前辈词章，予心惬当者，必采而书之。有句云：‘凝神入混茫’。予以为学道之初，从宴息也。又有句云：‘融神出空寂。’予以为学道之成，得自在也，枚卜同人未遇知者。”晁迥以枚卜的“知者”自居，他摘取枚卜诗句，来形容学道之初和学道之成的不同境界，虽是断章取义，但这种断章取义是以“心惬”和“遇知”为前提的。

王国维借用前人成句来表达的“我之境界”，最具代表性的当属“三种境界”。在“予心惬当”这一点上，王国维与晁迥并无差别。虽是断章取义，却同新的语境完美结合。

王国维的《人间词话》以“境界”立说，而“三种境界”能够贯穿王国维的境界说理论，的确实发人深思。

《人间词话》初版于 1908 年，在这之前的 1906 年，王国维在《文学小言》中就已提出与“三种境界”类似的“三种阶级”。

从 1905 到 1913 年的 8 年中，古人的境界从未改变，而王国维自己的境界却在不断深化。“三种境界”说一直盘桓在王国维的理论视野中，在秉持这一理论的同时，也不断修正、扩展着这一理论的解释范围。“三种境界”虽然没变，但所针对的问题和延伸的意义则几经调整，在语言表述方面也有了微妙的变化。

在《文学小言》和《人间词话》中，“三种境界”主要是针对成就“大事业、大学问”来说的，但《文学小言》在此基础上又延伸到“文学上之天才者”,《人间词话》则停留在“大事业、大学问”上没变。可见，王国维立说初期，是将文学同“大事业、大学问”区分开来并列而论的，而到《人间词话》时，则将文学包含进“大事业、大学问”之中了。在作《人间词话选》时，王国维则又将原本只针对“大事业、大学问”的“三种境界”，扩展到“成就一切事”，为“三种境界”赋予了更为广阔的精神内涵。

在《文学小言》中，王国维重点阐述了“三种阶级”之间的递进关系，以及在天才之外仍需要莫大的修养，但在《人间词话》中，重点则转为阐释“三种境界”之间的区别，并以断章取义的自谦来引出话题。王国维之所以把“阶级”改为“境界”，或许是从统一性的角度考虑。

王国维说“三种境界”

王国维在《静安文集续编自序》中曾这样解剖自己的“性质”，说：“余之性质，欲为哲学家则感情苦多，而知力苦寡，欲为诗人，则又苦感情寡而理性多。”这种“性质”令王国维的治学很有特点，常以文学的眼光理解哲学，又从哲学的角度分析文学，也可以说多以感性的方式表达理性。“三种境界”说正是如此。

王国维构建“三种境界”体系，深刻地体现出了个人好恶。他借用了 3 组句子，它们尽管脱离了原词的情境，偏离了原作者的想法，然而这 3 组完全不相干的句子组合在一种理念中，充分体现了王国维独特的认知角度。

曾有学者将“三种境界”概括为从渐修到顿悟的过程，其实第一境还未进入诗境意义上的渐修，所谓“昨夜西风凋碧树”，是从浑沌迷茫到清晰明朗的突变，仿佛一夜之间看到了目标，仍属立志阶段。王国维想要表达的是，想成就“大事业、大学问”，首先需要立志，排除各种干扰，待眼前空明心境虚静，方能看清前路。这种观点，与严羽所说的“入门须正，立志须高”有异曲同工之妙。

然而，通往“大事业、大学问”的路途是艰难而遥远的，立志者必然得经历磨难，经过长途跋涉，才可能到达终点。所以第二境“衣带渐宽终不悔，为伊消得人憔悴”极言过程的不易，这些困苦疑惑都是对意志力的考验，只有真正坚定的立志者才能通过。渐修的过程，乃是对意志力、情感力和大家气度的综合考验，能承受住各种历练，方能有所大成。

第三境确实有渐修后的顿悟之意，可要注意的是，顿悟的过程里颇有曲折，首先是千百次的寻，然后是寻而无果，突然灵光一现转变了寻找的方向，最后终于才发现目标所在。这几番转折颇可见出寻觅过程之艰难。由此也可以说明，经历过第二境漫长的渐修过程后，在达到顿悟之前，仍有坎坷。

此外，还当注意，第三境界既是对意志力的考验，亦是对判断力的考验。如果找错了方向，无论找再多次也是无效的，所以再强的意志力，也要在正确判断力的指导下方能体现价值和意义。历经曲折之后猛然顿悟，能带来有无法言表的巨大喜悦，在《论哲学家与美术家之天职》一文中，王国维也曾描述过类似的体验："今夫人积年月之研究，而一旦豁然悟宇宙、人生之真理，或以胸中惝恍、不可捉摸之意境，一旦表诸文字、绘画、雕刻之上，此固天赋之能力之发展，而此时之快乐，决非南面王之所能易者也。"

王国维虽谦称，自己的"三种境界"恐怕3首词的作者并不认可，但借文学来论述哲学，乃至解释宇宙人生之根本，必需具备深刻的洞察力。想来在王国维内心深处，藏的当是"见人所不能见，而言人之所不能言"的得意之情吧。

谈长调：以周、柳、苏、辛为最工

词这种文学形式，在漫长的发展过程中几经变化，由短到长、由浅到深、由简单到复杂，长调慢词从出现到兴起再到盛行的过程，正是这种变化的表现。与小令相比，长调的音乐性更强，更丰满，较长的篇幅也更适合表现复杂的感情。长调词在北宋最繁盛的仁宗朝由“奉旨填词”的柳永推向高潮，又经过秦观、苏轼、周邦彦等人的大力提倡，到了北宋末年，已经蔚然成风，可以同小令分庭抗礼了。再经辛弃疾、姜夔、吴文英等人进一步发展，到南宋末年时，已经成为词体主流。

王国维虽然自表不喜欢写长调词，但在《人间词话》里，还是为长调圣手们留了一席之地。

长调自以周、柳、苏、辛为最工。美成《浪淘沙慢》二词，精壮顿挫，已开北曲之先声。若屯田之《八声甘州》，玉局之《水调歌头·中秋寄子由》，则伫兴之作，格高千古，不能以常词论也。

本则词话将长调分为两种基本形态：一种是精壮顿挫，类似元杂剧的结构方式；一种是伫兴而作，类似小令作法。前者是长调创作的常态，而后者则堪称例外。

长调词的常态与例外

王国维认为，长调创作最为精致的，当推周邦彦、柳永、苏轼、辛弃疾四人。周邦彦《浪淘沙慢》二词，精壮顿挫，已经开创了北曲的先声。至于柳永的《八声甘州》和苏轼的《水调歌头·中秋寄子由》，都属于情之所至的作品，格调高于古往今来作者，不能作为普通的词来评论。

所谓“精壮顿挫”，主要是形容词作在情感表达方面，是随着结构的起承转合而相应地有所变化。元杂剧通常一本分为四折，以起承转合作为叙事的基本结构。长调在这方面与北曲相似，所以王国维认为，可将长调中的这种结构视为北曲的先声。他以周邦彦的《浪淘沙慢》为例，这是一首表达离别之情的作品，先渲染了离别前的氛围，接下来表达了离别时的感受，之后又描绘了离别后的回忆和此时的心情，其中情感的转变，的确在顿挫中展现出明显的阶段性。

但也有一些长调作品，伫兴而就，在结构安排方面并不是这样精心细致。在这里，王国维举了柳永的《八声甘州》和苏轼的《水调歌头》为例，认为这样的作品虽然在体制上属于长调的范畴，实际上却用了小令的作法，所以有别于一般长调的精壮顿挫，而现出格调高远、韵味深长的特点。尤其值得注意的是，虽然柳永和苏轼的这类作品同王国维的词体观念更为契合，但王国维也明白这并非长调创作的常规模式，这就是所谓的“不能以常词论也”。

王国维对柳永词的态度

作为开一代词风的宋词名家，柳永对宋词的发展，乃至后世文学的发展，都产生过重要影响。《人间词话》堪称词话中的经典，但对柳永却避而不谈。

旧时有词论称周邦彦为“词家之冠”“词中老杜”，被公认为“负一代词名”的词人，王国维对他的评价也很高：“美成深远之致，不及欧、秦，唯言情体物，穷极工巧，故不失为第一流之作者。”然而，却没有说周邦彦的“言情体物，穷极工巧”乃是受到柳永影响。王国维觉得周邦彦的不足之处在于“创调之才多，创意之才少”，周邦彦所创新调固然多，但柳永的新调也绝不在他之下。除了加工改造唐时旧曲，据考证柳永自创及无他词可校者五十五调，此外还颇具“创意之才”。

王国维反对在词作中使用代字：

词忌用替代字。美成《解语花》之“桂华流瓦”，境界极妙，惜以“桂华”二字代“月”耳。梦窗以下，则用代字更多。其所以然者，非意不足，则语不妙也。盖意足则不暇代，语妙则不必代。此少游之“小楼连苑，绣毂雕鞍”所以为东坡所讥也。

尽管秦观、周邦彦都是自己推崇的词人，但王国维还是客观地指出了他们的不足，认为这样的代字是意不足、语不妙的表现。依照王国维的思路，意足又腹有妙语，是用不着代字的。柳永的作品正是如此。柳永作词直抒胸臆，表达的是真性情，绝不扭捏作态，可依然被王国维“遗忘”了。

王国维还反复多次提及真诚的话题，在他看来，一个优秀的词人必须心灵真善、性情真率，可以做到“不为美刺投赠之篇，不使隶事之句，不用粉饰之字”。按照这等标准，柳永词堪称“大家之作”。柳永生前的潦倒与身后的盛名，全是因为“真情”二字，他一生无缘官场，绝大多数作品都是发自肺腑，王国维却依然对他弃之不顾。

王国维对柳永的作品避而不谈，或许是因为两点。

第一，王国维对词的品格尤其看重，认为娼妓词是无品格的，而柳永词大多是在秦楼楚馆中传唱，或许在他看来不入品格、不值一提。

第二，王国维喜好古雅、高洁的词风，柳永显然不属此列。

王国维在对词的鉴赏方面独具慧眼，提出了许多精辟的理论，但由于个人偏见或审美喜好等原因，而将柳永词排除在外，实属遗憾。

谈学人之词：朱孝臧为极则

近人词如《复堂词》之深婉，《疆村词》之隐秀，皆在半塘老人上。疆村学梦窗，而情味较梦窗反胜。盖有临川、庐陵之高华，而济以白石之疏越者。学人之词，斯为极则。然古人自然神妙处，尚未见及。

这则词话评点的是清代大盛的学人之词。光绪年间，在谭献编选《箧中词》时，明确提出了“学人之词”的说法。清代词人多为学者，推动了学人之词的兴盛。在嘉庆道光以后，常州词派的张惠言和周济为了推尊词体，大力倡导词中要蕴含学问，提出“比兴寄托”的论词主张，认为重视寄托和强调学力是统一的，对吴文英晦涩多典的词作推崇愈高。

学人之词起源可追溯至宋代，以学治词在苏东坡、周邦彦、辛弃疾等人那里就有所体现。但那时学人词多被认为是词中充满理学气息，直到清代，学人以学者的眼光重新审视词体，为推尊词体而提出把学识融入词中的观点，因此学人词带有强调学力、注重学养的特点。

强调学力与推尊词体

王国维的这则词话，可能是因为涉及“近人”，所以说得颇为讲究。先是说谭献词“深婉”，朱祖谋词“隐秀”，并将他们都置于“半塘老人”王鹏运之上。在谭献与朱祖谋之间，又以朱祖谋为胜。朱祖谋是晚清时期师法吴文英词的引领者，按照王国维此前对吴文英词“肤浅”的贬斥，对朱祖谋也当持否定态度才对，可王国维居然认为朱祖谋的情味反在吴文英之上。

之所以会有这样截然不同的评价，是由于王国维认为，尽管朱祖谋在整体方向上不如吴文英，但所学习的并不限于吴文英一家。朱祖谋的作品，融合了王安石、欧阳修的“高华”，以及姜夔的“疏越”，从而形成了自己的特色。所谓“高华”，可以理解为声调高逸，所谓“疏越”，则是形容余韵不绝。这样一来，学人之词也就具备一些传统词体的特征了。不过学人之词，终究是以“学”为基本，张扬了才学，却压抑了真性情。这样一来，王国推崇的“自然神妙”，自然难在学人之词中找到了。

宋代诗学的理化风气很重，但在词学上的表现并不明显，因为宋人认为词宜言情，与理学无关。理学家认为诗、词在文题价值上是有高下之分的，学问可以通过诗来阐述，没必要写入词中。对于这样的现象，钱锺书也注意到了：

> 宋代五七言诗讲“性理”或“道学”的多得惹厌，而写爱情的少得可怜。宋人在恋爱生活里的悲欢离合不反映在他们的诗里，而常常出现在他们的词里。如范仲淹的诗里一字不涉及儿女私情，而他的《御街行》词就有“残灯明灭枕头欹，谙尽孤眠滋味；都来此事，眉间心上，无计相回避”这样悱恻缠绵的情调，措词婉约，胜过李清照《一剪梅》词“此情无计可消除，才下眉头，又上心头”。

清代学人对词体的看法就较为多元了，既有以纪昀为代表的鄙夷词体的一派，也有许多对词持宽容态度的学者。王国维的词里就包含着学问，他的学问主要表现为人生境界、哲理境界，而与王国维交往密切的沈曾植则是“学人之词”的另一类代表。

沈曾植博古通今，学贯中西，不仅精通经、史，对佛学、刑律等也很有研究。他十分注重经学，常化用儒家经义以为词，将经学典故融入词中，许多词在遣词造句上也运用了经学内容，使词意隐晦难懂，再融入玄言佛理，就更加难以理解了。这样极端的学人之词，蕴含了太多学问，没有笺注很难读懂，推尊了词体却掩盖了词人该有的才情。

开阔胸襟与提升词境

如何用词表现才学，是个值得探讨的问题，不同的表现方式，会产生不同的境界。如只以“掉书袋”的形式，在词中一味使用冷词僻典，将词当成卖弄学问的手段，虽然也属于学人之词，但境界无疑是低的。如果能把词当作探讨学术之余的怡情娱乐，这样的词作并不堆垛典实，反而任情多趣，这样的学人之词比炫耀学问的作品当然境界有所不同。

还有一种词，将学人之词与词人之词相结合，强调学问对于词作的重要性，但也不主张直接把学问变成词的内容，或用词来探讨学问，而是提倡以学化情、以理融情，用学识来提高境界、开阔胸襟，也就是明末著名诗人冯班所说的“多读书则胸次自高”。只有在这种状态下，词人与学人的身份才是统一的。

文学作品需要创新，这既是创作者的压力也是前进的动力。创新的方式很多，在词这种文学形式中，主要表现为意境的拓展和提升。清代的学人之词也是一种创新，经过净化与升华，塑造了更为深微的艺术境界。诚然，学人之词也无法避免地存在一些弊端，若将逞才使气当作词的重心，刻意追求艰深晦涩，就失去词的意义了。不过，整体说来，这些弊病并没有影响清代词人在推尊词体、提升境界等方面的成就与贡献。

谈词与句：北宋词有句，南宋以后无句

所谓秀句，就是优美的句子。好的词作离不开秀句，秀句是全篇之中最为凝练、自然、与众不同的，是全篇的神韵所在。《人间词话》中亦有对秀句的评点：

朱子《清邃阁论诗》谓："古人有句，今人诗更无句，只是一直说将去。这般一日作百首也得。"余谓北宋之词有句，南宋以后便无句。如玉田、草窗之词，所谓"一日作百首也得"者也。

《清邃阁论诗》是朱熹论诗之语的辑录，这本书中记载了一段朱熹对诗句的评论，他说："古人有好句，今人的诗连好句也没有，只是一直说下去，这样的诗一天作一百首也写得出来。"王国维深以为然，认为南宋以后就没有好句子了。张炎、周密这样颇负盛名的作者，在王国维看来也属于那种一天作一百首之列的。

朱熹反对作诗"一直说将去"，也就是反对平铺直叙，既没有波澜起伏，也没有出彩的句子。朱熹所说的情况，与宋代诗人追求"平易"的风格有关。可如果一味只求平易，诗歌中重要的秀句和波澜也会受到淡化，而诗也就变成于句式整齐的散文了。这样一来，诗歌就淡而无味了。

王国维将朱熹的这一看法移植过来，认为北宋词有秀句，而南宋词没有。北宋词的“有句”，与朱熹所说的古人诗中“有句”应该是差不多的，多为伫兴之作，所以散发着真性情的魅力，情景结合巧妙又自然。造成南宋词“无句”的原因，是由于词人过于苦思，太重视结构，以致掩盖了对真性情的表达，导致全篇结构工稳却无秀句。王国维特别指出的张炎、周密便是如此。

对张炎词作的评价

张炎是文学史上颇有影响的词坛大家之一，至于对其词得失优劣的评说，在他生前时就已经开始了。有人对他的作品赞誉有加，比如元代思想家邓牧在《山中白云词序》说的:“古所谓歌者,《诗》三百止耳。唐宋间始为长短句，法非古意，然数百年来工者几人，美成、白石，逮今脍炙人口。知者谓丽莫若周，赋情或近俚；骚莫若姜，放意或近率。今玉田张君无二家所短，而兼所长。”文学大家戴表元赞他，“取平生所自为乐府词自歌之，噫呜宛抑，流丽清畅，不惟高情旷度，不可亵企，而一时听之，亦能令人忘去穷达得丧所在。”宋末诗人郑思肖则称张炎词作为“鼓吹春声于繁华世界，飘飘征情，节节弄拍，嘲明月以谑乐，卖落花而陪笑。能令后三十年西湖锦绣山水犹生清响，不容半点新愁飞到游人眉睫之上”。

与此同时，对张炎作品持反对意见的也不少。譬如清代常州词派的周济就认为，“玉田，近人所最尊奉。才情诣力，亦不后诸人，终觉积谷作米，把缆放船，无开阔手段。然其清绝处，自不易到”。“叔夏所以不及前人者，只在字句上着功夫，不肯换意”。之后，又在他编的《宋四家词选目录序论》品评两宋词人创作之得失时，贬抑张炎说：“玉田才本不高，专恃磨砻雕琢，装头作脚，处处妥当，后人翕然宗之。然如《南浦》之赋春水，《疏影》之赋梅影，逐韵凑成，毫无脉络，而户诵不已，真耳食也。其他宅句安章，偶出风致，乍见可喜，深味索然者，悉从沙汰。笔以行意也，不行须换笔。换笔不行，便须换意。玉田惟换笔不换意。”

从元到清，尽管褒贬不一，但张炎作品始终备受词学界关注。进入 20 世纪后，学术界对南宋雅词派的态度普遍是贬抑的，王国维可以说是这场文坛风暴的引领者。王国维的这种观点到了“五四”时期深受胡适等人推崇，胡适倡导“白话文学”，对宋末词坛几乎全盘否定，张炎及其词作自然也饱受批评。他说，张炎“是一个不遇的赵孟頫，而不是郑思肖一流人”，他的咏物词“只是做词谜的游戏，至多不过是初学的技巧工夫。拈题咏物，刻意形容，离开了意境和情趣，只是工匠的手艺而已”。

周密其人其作

周密，字公谨，号草窗，又号霄斋，与张炎同是南宋雅词派代表人物，有词集《苹洲渔笛谱》《草窗词》等。他与吴文英（号梦窗）交往密切，词风也受其影响，时人将两人并称“二窗”。他的词作以宋亡为界，可分为前后两个阶段。前期作品收于词集《苹洲渔笛谱》内，后期作品则见于《草窗词》和江昱所辑的《苹洲渔笛谱集外词》。

周密前期的作品多为吟风弄月的宴饮酬唱之作，当时南宋已岌岌可危，倾覆在即，但在其前期的一百多首词作中却完全找不到忧生忧世的内容。其后期词作不多，其中多有抒发亡国之恨、故国之思的苍凉之作，如最负盛名的《一萼红·登蓬莱阁有感》：

步深幽。正云黄天淡，雪意未全休。鉴曲寒沙，茂林烟草，俯仰千古悠悠。岁华晚、漂零渐远，谁念我、同载五湖舟。磴古松斜，崖阴苔老，一片清愁。

回首天涯归梦，几魂飞西浦，泪洒东州。故国山川，故园心眼，还似王粲登楼。最怜他、秦鬟妆镜，好河山、何事此时游？为唤狂吟老监，共赋销忧。

比起一般羁旅乡愁，这种国已破、家已亡的感伤更加凄迷，登楼远眺，俯仰古今，忧思甚深。祖国山河虽好，可国不复国，只得用词来抒发孤寂悲苦。

周密词最主要的特点是格律严谨、结构缜密、风格秀雅、字句精美，可也有过分追求形式美，而少了境界的倾向，因而与张炎一同被王国维斥为“肤浅”。

王国维身处封建末世，亲身体验了从天朝上国沦为半殖民地的过程。救亡图存是那个时代所有社会精英的思想主题，王国维当然也不例外，他想推动社会变革，使民族复兴。这样的思想反映到文学观念上面，就是格外看重内容。他虽然也重视艺术，但无法容忍近人诗词创作中的各种形式主义，因此对于“境界说”的真义，一定要同他所处的特殊时代关联起来考察。

谈宋人小说：多不足信

上文所提到的周密，不仅工诗词，其笔记著作《齐东野语》也是很有价值的。但王国维认为，这样的作品可信度并不大。他说：

> 宋人小说，多不足信。如《雪舟脞语》谓：台州知府唐仲友眷官妓严蕊奴，朱晦庵系治之。及晦庵移去，提刑岳霖行部至台，蕊乞自便。岳问曰：去将安归？蕊赋《卜算子》词云："住也如何住"云云。案：此词系仲友戚高宣教作，使蕊歌以侑觞者，见朱子"纠唐仲友奏牍"。则《齐东野语》所纪朱、唐公案，恐亦未可信也。

王国维这里所说的"小说"，与我们现在所说的小说有所不同，指的是野史、笔记，即朱自清《论雅俗共赏》中所说的"记述杂事的趣味作品"。这类作品往往依据某些传说，将词写成一段故事，但常把歌者与作者错算为一人。如《雪舟脞语》所记台州知府唐仲友所眷官妓严蕊作《卜算子》，但根据朱熹所记，这首词其实是唐仲友之戚高宣教所作，严蕊不过是歌唱而已。王国维认为这类"宋人小说"多不可信，是从史实角度考虑的。

笔记的历史与发展

“笔记”是中国古代记录史学的一种文体，是随笔记录的意思。笔记形式随便，没有确定的格式，诸如见闻杂录、考订辨证之类，都可以归入此类。“笔记”历史悠久，早期常被归纳为小说，直到魏晋时期才作为一种专门的体裁，经过唐宋两代发展，到了明清更加风靡兴盛。

依据记载内容的不同，大体可分作鬼神仙怪、历史琐闻和考据辨证等几个类别。魏晋时期最为盛行的是鬼神仙怪类笔记，张华的《博物志》和干宝的《搜神记》都是其中的代表。历史掌故类笔记主要记录掌故遗事、人物轶闻、民情风俗、山川景物等，唐代的《隋唐嘉话》、宋代的《涑水记闻》等都属于此类。考据辨证类笔记从唐代开始崭露头角，并有所发展，至清代乾隆、嘉庆年间，考据学大盛，此类笔记作品也更加多了起来，包括宋代的《梦溪笔谈》《容斋随笔》，清代《日知录》《陔余丛考》等

笔记记载的多是些琐碎片段，但因有闻即记，通常比较官修史籍更加生动有趣，其中还有不少正史中没有的资料，具有一定的史料价值。

“非君子之言”的笔记

周密的《齐东野语》，书名出自《孟子·万章上》：“此非君子之言，齐东野人之语也。”后人便用“齐东野语”来比喻荒唐而没有根据的话。

王国维在这则词话中提到的严蕊奴的故事，出自宋人邵桂子的《雪舟脞语》：“唐悦斋仲友字与正，知台州。朱晦庵为浙东提举，数不相得，至于互申。寿皇问宰执二人曲直。对曰：秀才争闲气耳。悦斋眷官妓严

蕊奴，晦庵捕送图圄。提刑岳商卿霖行部疏决，蕊奴乞自便。宪使问去将安归？蕊奴赋《卜算子》，末云：‘住也如何住，去又终须去。若得山花插满头，莫问奴归处。’宪笑而释之。”

然而《朱子大全》卷一九“按唐仲友第四状”却说：“五月十六日筵会，仲友亲戚高宣教撰曲一首，名《卜算子》，后一段云：‘去又如何去，住又如何住。待得山花插满头，休问奴归处。’”可见，《卜算子》一词是唐仲友的亲戚高宣教所作，只是让严蕊奴唱来劝酒而已。

自淳熙八年（1181）七月十六日至九月四日的短短三个月里，为了浙东天灾的事情朱熹与唐仲友多次交锋，朱熹六上奏章严词弹劾唐仲友，唐仲友不服朱氏所劾，遂上章自辩。

《齐东野语》对朱、唐公案是这样说的：“朱晦庵按唐仲友事，或言吕伯恭尝与仲友同书会有隙，朱主吕，故抑唐，是不然也。盖唐平时恃才轻晦庵，而陈同父颇为朱所进，与唐每不相下。同父游台，尝狎一妓，嘱唐为脱籍，许之。偶郡集，唐语妓曰：‘汝果欲从陈官人耶？’妓谢。唐云：‘汝须能忍饥受冻仍可。’妓闻大恚。自是陈至妓家，无复前之款接矣。陈知为唐所卖，亟往见朱。朱问：‘近日小唐云何？’答曰：‘唐谓公尚不识字，如何作监司？’朱衔之，遂以部内有冤案，乞再巡按。既之台，适唐出迎少稽，朱益以陈言为信。立索郡印，付以次官。乃摭唐罪具奏，而唐亦以奏驰上。时唐乡相王淮当国。既进呈，上问王。王奏：‘此秀才争闲气耳。’遂两平其事。详见周平园《王季海日记》。而朱门诸贤所作《年谱道统录》，乃以季海右唐而并斥之，非公论也。其说闻之陈伯玉式卿，盖亲得之婺之诸吕云。”

朱熹、唐仲友交章互奏的真相，的确难辨是非。唐仲友在任期间确实有一定政绩，而朱熹指责他，不顾灾情，为完成朝廷和户部下达的税收任务，派酷吏去各县催捐，更添新税残民，致使民不聊生倒也属实，不过也却有“偏隘”之处，如抓住唐仲友以公款刻书，以及同营妓有染一类的事情小题大做等。但所谓理学大师私德有污，为了陷害唐仲友，对营妓严刑逼供百般迫害的事情，并没有可信的证据。

笔记这种文学体裁的最大问题是记录了一些不实的传闻，此外如互相抄袭、宣扬封建迷信等弊端也随处可见。

谈情语：专作情语而绝妙者

在传统的观念中，诗词以“情景交融”为上，其中“情”占据主导地位，王国维对这一点说得十分透彻。作家写景，但表达出来的是情，就如刘勰说的：“登山则情满于山，观海则意溢于海。”看上去客观的东西，实际上仍是主观情志的表现。当然，作家的主观并不是与生俱来，它来源于对客体的认识和感悟。唐代儒学大师孔颖达有一段话说得很好：“包管万虑，其名为心，感物而动，乃呼为志。志之所适，外物感焉。”先是心“感物而动”，然后再经过“外物感焉”的过程，这时笔下呈现出的外物已经不完全是原来那个物，而是融合了作者感情的物。

词人大多通过写景来寓情，但也有专门作情语，而且写得极好的，对此王国维是这样说的：

词家多以景寓情。其专作情语而绝妙者，如牛峤之“甘作一生拼，尽君今日欢”，顾敻之“换我心。为你心。始知相忆深”，柳永“衣带渐宽终不悔。为伊消得人憔悴”，美成之“许多烦恼，只为当时，一饷留情”，此等词古今曾不多见。余《乙稿》中颇于此方面有开拓之功。

这则词话在前面论述情景关系基础上，举例说明专作情语而绝妙者。

“情语”“绝妙”在何处

中国的传统文论，无论是“言志”说、“缘情”说，还是“物感”，以及“一切景语皆情语”说，归根结底都是讲物我的统一。

作词的常态应当是刘熙载《艺概》卷四所说的那样：“词或前景后情，或前情后景，或情景并到，相间相融，各有其妙。”总之得兼顾情、景二者才行。但这种情景关系大多得在整篇词中才能体现出来的。王国维从词中专门截取若干专言情语的绝妙好句，如牛峤的“甘作”二句、顾夐的“换我心”三句、柳永的“衣带”二句、周邦彦的“许多”三句，都是直接表达情感的句子，虽然没有借助景物来传递情感，但是具有很强的艺术感染力，这就是王国维所说的“专作情语而绝妙”的意思。“专作情语”在词中的并不少见，能被称为“绝妙”，应该是可以脱离前后景物的渲染，而具有独立的意义才行。

王国维的《人间词甲稿》主要表现的是自己对人生的哲学思考，在 1907 年编订的《人间词乙稿》中，则更加偏重抒情，而且也借鉴了前人这种“专作情语”的形式，所以王国维自称有“开拓之功”。这种创作观念的转变，其实与他当时对哲学感到困惑，并开始疏远哲学的思想，有着较为密切的关系。

顾夐其人其作

在王国维举例的几位词人中，知名度最低的当属五代词人顾夐。其生卒年、籍贯皆不详，存世的作品有 55 首，都是写男女之情的，意象清新生动，情致缠绵悱恻，词风绮丽却不浮靡，一些词作中还化用口语，更增添了可读性与趣味性。

“清末四大家”之一的况周颐认为，顾敻词作“工致丽密，时复清疏。以艳之神与骨为清，其艳乃益入神入骨”。还被晚晴词人郑文焯评为“极古拙，亦极高淡，非五代不能有是词境”。

王国维在这则词话中所引的“换我心”三句，出自顾敻代表作《诉衷情》：

永夜抛人何处去？绝来音。香阁掩，眉敛，月将沉。

争忍不相寻？怨孤衾。换我心，为你心，始知相忆深。

这是一首以“怨”作为情感基调的单调小令。通过主人公口语式的内心独白，表现了一个痴情女子被负心人所辜负，由此受到了心灵的创伤，她心中有怨，但又怨中有爱，爱怨兼发，感情十分复杂。该作品的艺术构思与表现手法颇具匠心，所以深得后世学人的赞赏。

这首词从一开始就奏响了情感的主旋律——怨。“永夜”两句，是写主人公正在猜想负心人的行踪，“长夜漫漫，负心人啊，你抛下我去了哪里？”自问之后又自答：“音信已绝，奈何！”一个“绝”字，点出薄幸者的绝情寡义。“香阁掩”三句，就主人公独守空闺的情况着笔，从闺门紧闭、眉头紧皱、长夜将尽，这三个方面，写出了枯坐等待、彻夜难眠的焦急。这部分可归结为对薄幸者的怨。

从“争忍”往下，心中又兴起波澜。“叫我如何才能放弃追寻呢？”这一句心灵独白，仍是主人公怨中有爱的表达。可事实让她无比难过，孤衾独处，不知负心人此时身在何方，因而“怨”字又重上心头。“换我心”三句的特点是情之所至，忽发痴语。主人公渴望把自己的一颗痴心换到负心人的胸腔里，这样对方就能知晓自己的思念之情了。换心当然是不可能的，主人公却发此痴想，正表现了自己的情真意切。

尽管词中没有交代这个爱情故事的结局，不过主人公的悲剧命运想必是难以逃脱的。这一点，明汤显祖在《花间集》评本中曾一语道破："若到换心田地，换与他也未必好。"但作品的思想倾向性却十分明显，同情完全放在被折磨被损害的弱女子这一边，这也就从侧面鞭挞了薄幸之徒。

王国维把此词作为"有专作情语而绝妙者"的显例之一，可见其"情语"成就之高。

谈外物：一切外物，皆游戏之材料

孔子认为，“诗，可以兴，可以观，可以群，可以怨，迩之事父，远之事君，多识于鸟兽草木之名”，强调诗歌的政治教化作用。《毛诗序》要求诗歌应具备“经夫妇，成孝敬，厚人伦，美教化，移风俗”的作用，并在“发乎情，止乎礼仪”的前提下起到“美刺”作用。曹丕的《典论·论文》中提出“文章经国之大业，不朽之盛事”。到了唐宋时期，文学家又明确提出“文以明道”“文以载道”的文学观。到了清末民初，出于自强图存的时代要求，文学又成为开通民智的武器。纵观整个中国文学史，政治教化一直是文学艺术最主要的功用。

王国维作为中国现代美学的奠基人，也是最早接受西方美学思想，并将其与中国传统美学融会，以传统方式表述西方美学理论观点的人。“非功利”是王国维美学理论的核心，也是其整个美学理论的基础。在王国维看来，文学美术确实是有一定的教化作用，但更应当是非功利的游戏，王国维的这则理论对于统治传统美学几千年的“文以载道”说，是一个巨大的突破，中国美学史从此迎来了一个新的时代。

文学者，游戏的事业

诗人视一切外物，皆游戏之材料也。然其游戏，则以热心为之，故诙谐与严重二性质，亦不可缺一也。

这则词话就物我关系立论。所谓视外物为“游戏之材料”，意在区分物与我之间的界限，物既然是游戏之材料，那么诗人与外物主从关系自然就明确。然而，作为“游戏之材料”的外物，毕竟是诗人借以抒发自身情感的基础，不明外物之情，自然难通诗人之情，因此热心游戏于外物之中，是必不可少的阶段。热心于游戏，所以说“诙谐”，“严重”则是严格区分物我。“诙谐”与“严重”乃是文学创作成功的必经之路，因此王国维认为“不可缺一”。

王国维在此前的作品《文学小言》中已经明确指出：“文学者，游戏的事业也。人之势力用于生存竞争而有馀，于是发而为游戏。”在《人间嗜好之研究》一文中，王国维又说：“若夫最高尚之嗜好，如文学、美术，亦不外势力之欲之发表。希尔列尔既谓儿童之游戏存于用剩余之势力矣。文学美术亦不过成人之精神的游戏，故其渊源之存于剩余之势力，无可疑也。且吾人内界之思想感情平时不能语诸人或不能以庄语表之者，于文学中以无人与我一定之关系，故得倾倒而出之。易言以明之，吾人之势力所不能于实际表出者，得以游戏表出之是也。”

将两段文字对勘可以发现，王国维所谓的“游戏”，就是不汲汲于争存，也是王国维心目中“诗人”的基本前提。一些情感受限于现实生活中的种种“关系”，因而无法表述，只好在文学的世界里尽情宣泄，王国维的纯文学观点由此可见一斑。在王国维看来，艺术既然是倾诉真情实感的精神游戏，自然可以不囿于功利的束缚，从而展现出游戏般的色彩。

对西方美学观的吸收融通

与中国的“文以载道”不同，非功利长期占据西方美学传统的主流地位，康德、席勒、叔本华都强调文学艺术无关实用的观点，王国维“非功利”的思想主要来自这三位德国哲学家。

康德美学是西方美学从古典到近代的分界线，他提出“审美无利害”的命题，真正使美学从伦理学、政治学中独立出来，他在《判断力批判》中充分证明了艺术的自主性。康德说：“凡是我们把它和一个对象的存在之表象结合起来的快感，谓之利害关系。因此，这种利害感是常常同时和欲望能力有关的，或是作为它的规定根据，或是作为和它的规定根据必然地连接着的因素。”康德认为，艺术可以促进人的和谐发展，是使人从必然通向自由之路的手段，应该摆脱庸俗社会学。

席勒直接受到这种观点的影响，以此论点为支点，提出了文艺的“游戏说”，王国维的“文学者，游戏的事业”正是由此得来的。席勒认为“艺术是自由的女儿”，“美什么也达不到，除了从天性方面使人能够从他自身出发为其所欲为——把自由完全归还给人，使他可以是其所应是”。美的终极目标是实现人性的完满，其本质是无利害关系的自由游戏。

叔本华的美学理论，发扬了康德、席勒的学说，把摆脱一切利害关系，作为达到纯粹直观事物本质——理念的唯一条件，认为真正的文学艺术作品，不能受到任何与个人利害有关的任何影响。叔本华的哲学思想是非理性的，认为只有通过直观，才能认识到世界本体的意志的本质。在叔本华看来，审美是发生在“离开事物对意志的关系而把握事物时，所以也即是不关利害，没有主观性，纯粹客观地观察事物”。

王国维受叔本华影响最大，他用“欲者不观，观者不欲”来概括审美直观的主观条件，认为人的审美判断，在不计审美利害的条件下方能成立，达到美的领域。此外，王国维对康德、席勒的主张也多有研究，这些观点对王国维的影响是相互渗透的。王国维在《人间词话》中多次强调文学的独立价值，并以审美非功利说为中国传统诗学理论注入了活力，他的美学理论是我们永远宝贵的精神财富。

第三章

可爱不可信，可信不可爱
——读王国维《静安文集》

王国维在近现代文化的转型时期，重视对西方哲学的学习，并尝试借用西方哲学理念，对中国传统哲学思想进行梳理和分析，首开中西哲学比较之新风，指明哲学为中国固有之学，极力维护哲学学科的独立价值，对 20 世纪初中国哲学学科的建立做出了开创性的贡献。可惜的是，“可爱”与“可信”的不能兼得，最终使王国维对哲学产生了烦闷之感。

谈性：真性，乃不可知

“性”是中国哲学的核心范畴。在《论性》中，王国维用康德的知识论来分析传统哲学中的“性”，认为“性”是知识的材质，所以不能从先天中了解，而从经验上所得知的“性”，受到遗传与外部因素影响，亦非它的本来面目。

王国维少年时便开始向往新学，但家中经济条件有限，无法满足他出国留学的愿望，只好离开家乡到上海工作，就学于罗振玉创办的东文学社。在此期间，他接触到康德、叔本华的哲学思想，并立志从事哲学研究。在其治学初期，特别是1903~1907年之间，主要致力于哲学的研究。

1903年《教育世界》杂志刊出由王国维翻译的英国哲学家西额惟克的《西洋伦理学史要》，其中对从上至苏格拉底，下到康德、叔本华、尼采，对西欧各家、各派的伦理学说都有简要评述。此外，王国维还对苏格拉底、柏拉图、雅里大德勒、康德、叔本华、尼采、培根、霍布斯、休谟、卢梭等哲学家作过专篇评述。对于当时不求甚解的译风，他曾批评说：“此等杂志本不知学问为何物，而但有政治上之目的，虽时有学术上之议论，不但剽窃灭裂而已。”

在西方哲学中，王国维甚是喜爱康德、叔本华的哲学，并深受二人哲学思想的影响。

王国维在研究康德哲学时，因感到其文艰涩难懂，中途转向叔本华，并几乎全盘接受了叔本华的思想。王国维原先是想从康德那里获取灵感，最终却被叔本华吸引过来，他成了叔本华“悲观主义”的信徒。

超越知识的“性”

王国维认为康德的知识论，将知识分为先天的知识和后天的知识，先天的知识和后天的知识都是知识，都具有确实性，但先天的知识具有普遍性和必然性，这是后天的知识所不具备的。那么，“性”是属于先天的知识，还是后天的知识呢?

先天的知识能了解到知识的“形式”，后天的知识则能知道知识的“材质”，“性”属于知识的“材质”范畴，所以所谓“性”，只能通过后天的知识来了解。但从后天的知识中得到的“性”，也不是真“性”。因为从经验上知道的“性”，是受遗传和外部环境影响之下的“性”，这并不是“性”的本来面目，所以，王国维选择以不可知论来解决历史上关于“性”的争论，并断言:“性之为物，超乎吾人之知识外也。”

人性是超出人们的知识范围之外，所以王国维认为论性不过空论，他说:“人性之超乎吾人之知识外，既如斯矣，于是欲论人性者，非驰于空想之域，势不得不从经验之上推论之。夫经验上之所谓性，固非性之本然，苟执经验上之性以为性，则必先有善恶二元论起焉。何则？善恶之相对立，吾人经验上之事实也。……故从经验上立论，不得不盘旋于善恶二元论之胯下。然吾人之知识，必求其说明之统一，而决不以此善恶二元论为满足也。于是性善论、性恶论及超绝的一元论（即性无善、无不善说以及可以为善、可以为不善说）接武而起。夫立于经验之上以言性，虽所论者非真性，然尚不至于矛盾也。至超乎经验之外而求其说明之统一，则虽反对之说，吾人得持其一，然不至自相矛盾不止。何则？超乎经验之外，吾人固有言论之自由，然至欲说明经验上之事实时，则又不得自圆其说而复反于二元论。故古今言性者之自相矛盾，必然之理也。”

对“性”的争论毫无意义

历史之所记述和诗人之所悲歌，都反映善恶二性的争斗上，他说：“历史之所纪述，诗人之所悲歌，又孰非此善恶二性之争斗乎？但前者主纪外界之争，后者主述内界之争，过此以往，则吾不知其区别也。吾人之经验上善恶二性之相对立如此，故由经验以推论人性者，虽不知与性果有当与否，然尚不与经验相矛盾，故得而持其说也。超绝的一元论，亦务与经验上之事实相调和，故亦不见有显著之矛盾。至执性善性恶之一元论者，当其就性言性时，以性为吾人不可经验之一物故，故皆得而持其说，然欲以之说明经验，或应用于终身之事业，则矛盾即随之而起。余故表而出之，使后之学者，勿徒为此无益之议论也。”

于是，王国维得出论性只能在经验的范围内进行讨论的结论，超出经验的范围则不可知了。后天的范围可知，而先天的范围不可知，这就是在论性过程中反映出来的不可知论思想。在先于经验去观察“性”时，必然会出现二律背反，性恶、性善的一元论主张同样会陷于二律背反的境地，所以这样的争论毫无意义。

王国维用康德的知识论来分析人性，不可避免地得出不可知的结论，但他对“性”的解析，以及对传统人性论大胆地进行质疑，展现了一种新的哲学视野，对传统哲学起到了理论解构作用。

谈理：理由与理性

在王国维的《释理》一文中，更多地“取外来的观念”来解析何为“理”的问题。王国维从中西语源上考证，认为对“理”的理解有广义和狭义之分，即“理由”和“理性”。因为理性是人类特有的能力，所以世人将形而上学的“真”与伦理学的“善”都错误地归入“理”的范畴。在王国维看来，“理”是心理学上的概念，与形而上学无关，宋代理学家将天理看作客观存在，当然是错误的。同时，“理”也不具备伦理学上的意义，“善亦一动机，恶亦一动机”，“为善由理性，为恶亦由理性”，理由与理性并非不会产生变化。这就从学理上将“理”与形而上学、伦理学的关系完全地抽离开来，这样的观点对于传统理学来说堪称巨大打击。

“理”的理解

“理”的广义理解就是理由，天下万物没有无理由的存在，其存在必有存在的理由，这就是物的“充足理由”。从知识的角度来说，既然有所与之前提，就必定有所与之结论；从自然界的角度来看，既然有所与之原因，就必然有所与之结果。前提与结论，原因与结果，都属于因果律的。德国哲学家莱布尼茨将这些归纳为“充足理由律”，他认为，如果没有必然或不得不认同的充足理由，那么一切事实都不能存在，一切判断也无法成立。

康德在“充足理由律”的基础上，建立了自己的“形式的原则”和“物质的原则”，认为一切命题必有其论据，一切事物必有其原因。叔本华更加强调“充足理由律”的作用，认为从客观的角度来讲，它是世界的普遍法则；从主观的角度来考虑，它又是认识的普遍形式。世界上的万事万物全摆脱不了这一形式，这一形式又能被分为四类：首先是逻辑学上的形式——既有前提必有结论；其次是物理学上的形式——既有原因，必有结果；再次是数学上的形式——一切关系都来自于几何学定理，其计算不能失误；最后是实践上的形式——既有动机，必有行动。

王国维认为理学家陈北溪所说的“理有确然不易的意”和吴澄所说的“几物必有所以然之故，亦必有所当然之则。所以然者，理也。所当然者，义也”也都是在表达“理即理由”的观点。

王国维对“理”还作出了狭义的解释，认为“理”就是所谓的理性。他把知识分为两种，一种是“直观的知识”，另一种是“概念的知识”。直观的知识的获取来自感性和悟性，概念的知识则通过理性的作用来获取。人与动物同样有感觉，但思想则是人所独有的。人用语言来表达自己的思想，所以说语言是理性第一个产物。从古希腊的柏拉图、亚里士多德到近代的洛克、莱布尼茨，他们对理性都持相同的态度，认为理性是从直观的观念中制造抽象的概念，然后对概念进行分析与综合。

康德把通常所说的理性称为悟性，而将理性看成是超感觉的能力，能直接感知本体的世界及其关系。康德认为，在空间与时间中结合感觉形成直观，属于感性的范畴；结合直观而成为自然界的经验，这就属于悟性的范畴了；结合经验的判断形成形而上学的知识，这才是理性的事。

王国维虽是康德哲学思想的信徒，但在对理性的理解方面，王国维还是指出了康德的一些问题，比如对理性的理解表述不清，前后不一致。在《纯粹理性批判》一书的绪论中，康德说“理性是提供先天的知识之原理的能力”，而在第一编的《先验分析论》中他则说“悟性可视为判断的能力”，可在第二编《先验辩证论》中他又说：“理性实为推理的能力，即间接判断的能力。”所以王国维赞成叔本华对康德的批评，并赞成叔本华对悟性与理性的严格区别。

叔本华在有关《充足理由律》的论文中，证明直观中已经存在了悟性，有了悟性的作用才有直观的世界，有理性的作用才有概念的世界。至于超感觉的能力，我们则无法用经验去验证了。叔本华在《世界是意志和表象》和《充足理由律的四种根源》等书中，多次反复地明确了这些问题。

儒家的代表人物孟子曾说，“心之所同然者，何也？谓理也，义也”。宋代理学大师程伊说过“性即理也”。这两种说法都是把“理”看成是心的作用。王国维以此为基础，更从“理”的客观假定和主观性质等方面来解析理。

“理”是幻影

古希腊哲学家赫拉克利特认为万物都出于流动的状态，无时无刻不在生灭、变化，生灭循环的法则是永恒不变的。这个不变的东西，就是“天理”。斯多葛派继承了这种思想，认为普遍的“理”就是“神”，“神”是具有创造作用和指导作用的“理”，对个体来说，它就是掌管一切的“命”，从以普遍决定特殊的角度来说，它又是“序”，从必然性的角度来说，它还是“运”。

德国哲学家策勒尔主要研究古希腊哲学史，在他看来，斯多葛派所说的天心、天理、天命、天运、天然、天则，其实都是一样的。古希腊的皮浪和法国哲学家马勒伯朗士也都认同理就是神的观点。

我国学者对“理”也有自己的看法，孟子称理是“心之所同然”，程伊川说“在物为理”“万物各具一理，而万理同出一原”，朱熹认为天、命、性、理四者的区别在于“天则就其自然者言之，命则就其流行而赋于物者言之，性则就其全体而万物所得以为生者言之，理则就其事事物物各有其则者言之”。

客观的“理”古往今来一直存在，并不因为人类的出现而有所改变，而人心中的“理”只是其中的一部分，因此，从“理”的客观意义来分析，“理”就是神。至于主观的“理”，明代学者王阳明分析得最为深刻，他说：“夫物理不外于吾心。外吾心而求物理，无物理矣，遗物理而求吾心，吾心又何物？”主观的“理”就是充足理由律，亦是因果律。康德认为“理”属于主观的性质，叔本华则更进一步证明了因果律的主观的性质。

关于“理”的解释，无论是广义的还是狭义的，从来都只有主观性质，而不具备客观的色彩。因此，理“不存在于直观之世界，而惟寄生于广漠暗昧之概念中。易言以明之，不过一幻影而已矣”。叔本华受到佛家思想影响，把世间一切都视为幻影，其悲观主义便来源于此。王国维最终对“理”下的定义就是幻影，可见王国维是深受叔本华影响的。

谈命：自然界与意志中的因果

中国哲学史上争论较多的问题，王国维认为主要集中在“性”和“理”二字上，其次就是关于“命”的各种观点交锋。“命”包含两种意义，一种是《论语》中说的“死生有命”的“命”，另一种是《中庸》所说的“天命之所谓性”的“命”。西方哲学对“命”也有自己的理解。

命之有二义，其来已久，西洋哲学上亦有此二问题。其言祸福寿夭之有命者，谓之定命论；其言善恶贤不肖之有命，而一切动作皆由前定者，谓之定业论。……而定业论与自由意志论之争，尤为西洋哲学上重大之事实，延至今日，而尚未得最终之解决。我国之哲学家除墨子外，皆定命论者也。然遽谓之定业论者，则甚不然。

王国维在这里所说的定命论与定业论，现在分别被译为宿命论和决定论。决定论与自由意志论是西方哲学史上长期争论的问题，王国维的《原命》一文，就此争论表达了自己的见解。

一切皆有因果

在中国哲学里，“命”“性”“理”三字意义相近，也就是上文提到的朱熹所说的“天即理也，命即性也，性即理也”。王国维在《论性》

《释理》两篇文章中谈到的“性”和“理”，也都与“命”相关。至于西方哲学里，决定论与自由意志论的争论从古希腊时期就开始了。

康德在《纯粹理性批判》中纯粹理性的“二律背反”就反映了这一争论。“二律背反”的正面主张是“依据自然法则之因果作用并非一切世界现象皆自之而来之唯一因果作用。欲说明此等现象，必须假定尚有他种因果作用，即由于自由之因果作用”；反面主张是“并无自由，世界中之一切事物仅依据自然法则发生”。康德认为，在现象的世界里一切事物必有他事物为其原因，而这个原因又有其他原因作为其原因。如此逐步演变是没有尽头的，于是在我们的经验中，处处都为因果律所决定，所以是必然的而非自由的。

然而在现象世界之外，仍有经验无法到达的本体世界，在本体世界中，空间、时间、因果律并不适用，所以那里是自由的，不是必然的。这就是自由意志论。支配现象世界则是决定论，所以同一事实，在现象世界却是必然的，而对于本体世界来说它又是自由的。因此，康德给自由下了这样的定义：从消极角度来看，是“意志之离感性的冲动而独立”；其积极的一面则是“纯粹理性之能现于实践也”。

世间没有完全的自由

意志能脱离冲动而独立存在，纯粹理性能在实践中展现，是什么决定了这一切呢？康德认为是理性的力量。自由也是因果的一部分，只不过意志自由的因果与自然界的因果性质不同。既然自由也有因果限制，就不是完全的自由，区别只在于原因在理性，而非外界的力量。不过王国维认为，康德为自由下的定义并不确切，因为“吾人所以从理性之命令而离身体上之冲动而独立者，必有种种原因，此原因不存于现在，必存于过去；不存于个人之精神，必存于民族之精神。而此等表面的自由，不过不可见之原因战胜可见之原因耳，其为原因所决定，仍与自然界之事变无以异也”。

对于叔本华的说法王国维则是认同的。叔本华认为，因果律在自然界与人的意志中同样存在，当意志进入经验世界，就处处被动机所决定。意志本身究竟有没有自由，我们无从知晓，但在经验的世界中，自由只是一个缺少实在内容的空虚概念。意志就是经验世界中的动机，人的任何行为都包含动机，动机表现了意志。唯意志论者所说的“动机”就是“生存意志”，求生的欲望是生命的基本原则，它支配着意志，所以意志也非自由的。

天即理，命即性，性即理，而理不外于吾心。吾心是理、性和动机、意志所从出，吾心即是宇宙，宇宙即是吾心，唯心主义的哲学思想展露无遗。只是，存在于吾心中的最后也不过一道幻影，所以宇宙、人生统统是幻影，终究躲不过“寂灭”的结局，这是悲观主义的哲学理论的根源。《论性》《释理》《原命》王国维的这三篇极具代表性的文章，反映了他的哲学观点，也让人们看到“外来观念”是怎样被拿来解决中国的哲学问题。不管他是在论“性”，还是在释“理”，还是在原“命”，都离不开叔本华的充足理由律，并反复表明了主观决定客观的唯心主义论点。

王国维反对儒家的道德宿命论，但又贬低理性的意义，认为道德教育无非依赖于个体的直观。而叔本华的直观，归根结底还是人体悟意志荒谬与世界虚无的手段，是解脱生存痛苦的道德，对此王国维也是怀疑的。

人生解脱之道在何方？人类的希望在哪里，生命的意义又在哪里？彷徨不已的王国维只好用文学来抒发自己的人生慨叹。

谈教育：平凡教育之义

王国维既是哲学家也是我国近代重要的教育家，哲学思想对他的教育思想产生了巨大影响。王国维在治学前期，以《教育世界》杂志为主要阵地，介绍了多位西方教育家、文学家和哲学家的教育思想，并在此基础上形成了自己培养“完全之人物”的教育思想，塑造“完人”是其教育的目标。基于西方教育思想，王国维认为教育认识机能可分为知、情、意三个要素，而其中精神能力的教育又可以分成德育、智育、美育三个维度。

王国维在《论教育之宗旨》一文中提出：“教育之宗旨何在？在使人为完全之人物而已。何谓完全之人物？……完全之人物，不可不备真善美之三德。欲达此理想，于是教育之事起。教育之事，亦分为三部：智育、德育、美育是也。”

王国维提出的“四育”思想，即：德育、智育、体育和美育，又将“四育”思想的宗旨分成体育和心育两部分，其中心育又包括智育、德育和美育，只有兼具体育和心育的人才称得上是完全之人物。

关于德育

德育自古就在我国传统教育中占有重要地位，是整个教育事业重中之重。古今中外的哲学都是以道德为先，道德重于知识，所以教育也是以道德为中心的。只有知识而没有道德的人，绝不是“完全之人物”。如果我们不重视德育，培养出没有道德的人，即使这些人具有非常丰富的知识，也不能算“完全之人物”。所以，教育工作者不仅要教给学生丰富的理论知识和实践知识，更要培养他们高尚的道德情操。

王国维反对封建名教纲常，提倡资本主义的道德规范。他认为道德规范应当包括两个方面：一是肯定人欲，二是主张自由、平等、正义与博爱。

王国维认为人的本质是生活之欲。要提升一个人的思想，首先得解决其温饱，只有解决了生活的温饱问题，才可能进一步有思想的追求。

对自由、平等、正义与博爱的主张，是思想道德规范的核心内容。王国维对叔本华的“绝对的博爱主义”哲学思想极力推崇，主张不受侵害的生活之欲，才能有正义的道德，才能把别人的快乐当作自己的快乐、把别人的痛苦视为自己的痛苦，这就是博爱。

在王国维的教育观里，道德可分为积极和消极两个层次。前者是“己欲达而达人”，后者是“不以取诸人”。王国维认为，积极的道德很少有人可以做到，但消极的道德却是人人都应遵守的基本准绳。教育必须同法律一起维护最起码的道德标准。学校也应进行博爱与正义的教育，使仁义“张皇而发挥之”。

关于智育

王国维认为智育是教育中重要的一环，对知识的发展是很重要的。王国维在《论教育之宗旨》一文中指出：“故今之世者，不可无今世之知识”，主张教育应当是教给学生古今中外的各方面知识，尤其要传授给学生最先进的科学技术和思想文化知识。对于西方的教育思想，但凡符合时代发展的大潮，只要是进步的科技知识，都值得我们学以致用。知识是全人类共同的财富，所以不应有内外之分。王国维认为，通过理性思维，人能够把直观知识提升为概念知识，并对概念进行整合构建，但概念知识只是传达知识的记忆，并不能由此获取新的知识，因此直观知识才是最确实的知识。只有经验的知识才能给我们带来真正的新知。

在王国维教育思想里，哲学的魅力在于具有深厚直观的知识基础，而不是通过概念进行思维演绎。一切真理都存在于具体的事物当中，所以书本上知识不能代替实践的经验。书本上的知识是抽象知识，没有活气；经验知识是具体的知识，常有生气。通过对书本知识和实践经验知识的对比，王国维确认培养直观的能力和实物观察能力是格外有意义的。

实践知识是理论知识的来源，但也不能忽视理论知识本身的重要价值。实践知识通常是排在理论知识之前的，然而理论知识发展后，又会成为新的实践知识的根本。王国维认为，教育应理论知识与实践知识并重，这两者是相互依存，缺一不可的。知识可分为“当然的知识”与“所以然的知识”，如果只知其当然而不知道其所以然，就是没有完全掌握知识。只有知其然又知其所以然，才能做到不“蔽”，才称得上掌握“完全之知识”。

关于美育

王国维认为美育同德育与智育一样重要，可使人忘掉一己之利害而达到高尚纯洁的领域，获得最纯粹的快乐，而且，“盖人心之动无不束缚于一己之利害，独美之为物”。也就是说，美育有超功利性，其价值就在于美之本身。这种美育观来自康德的美育思想，康德认为，在美、善、快适三种愉快中，唯一无利害关系的愉快只有对美的欣赏，这是一种自由的愉快。

在对美的本质及其重要性有了分析后，王国维希望通过各种教育途径，比如音乐、文学、美术等方式来满足人的情感需求，达到培养高尚品格、净化心灵的目标。

依照自己长期的治学经验，王国维提炼出一套旨在培养完全之人物的课程方案。在《奏定经学科大学文学科章程书后》一文中，王国维为大学文学科制定了 5 种学科，即：经学科、理学科、中国文学科、史学科和外国文学科。突破单一学科的教育方法，能使学生拥有跨学科的思维能力。因此，这几个专业还要教授公共课程，包括教育学、美学、哲学概论、外国文等。王国维认为，学习外语有助于培养国际视野，应把中国教育置于整个世界的教育背景下进行考察，这样的教育视野开创了教育学与美学的新式教育先河，也第一次令美育在我国有了独立地位并成为教育目标。

“完全之人物”教育思想的提出，批判与否定了封建传统的教育思想，对清末的教育改革和民国的教育都产生了重大影响。王国维对知识和教育规律有着深刻的认识，一再强调实践知识的重要性，提出培养成具备德、智、体、美的“完全之人物”，给当时以书本知识和以陈旧的经史知识为主的近代中国教育界带来了一股新风。此外，王国维还是在学校教育中最早倡导美育的学者，他也因此成为中国近代美育思想的奠基人之一。

谈叔本华：“悲”的人生哲学

直到 19 世纪，“悲观主义”才作为哲学概念被广泛使用，然而“悲观主义”的态度和理论的历史很悠久，在悲观主义漫长的历史发展过程中，叔本华是最为重要的哲学家之一。正是由于叔本华，“悲观主义”在哲学上的地位才得以最终确立。王国维立志研究哲学，起初是因为对康德思想的崇拜，他想通过叔本华来了解康德，结果却成了叔本华的信徒。叔本华自认为是康德思想真正的继承人，他对康德十分崇敬，在生活上也尽量模仿康德，还在书房中摆放了康德像。或许是因为对人生持悲观态度，叔本华终身未婚，晚年只与名为“宇宙精神”的贵宾犬相伴。

王国维认为“体素羸弱，性复忧郁，人生之问题，日往复于吾前”，后来他成为中国近代较为系统地宣扬悲观主义人生哲学的代表，这一切都和他选择性地接受了叔本华的唯意志论，以及建立在这种哲学之上的人生哲学，是分不开的。

意志是永无止境的苦难的源泉

叔本华的哲学思想虽然是从康德那里继承的，可最后还是同康德分道扬镳，成为唯意志论者。康德认为物自体是不可知的，叔本华则认为没有主观就没有客观，世界是主观的对象才得以存在，对象是依赖主观的先天形式而表现出来的，所以物自体是可知的，它就是人的意志。主观的先天形式就是时间、空间和因果律。

通过逻辑判断的分类，康德认为每一种类的判断后面都有一个范畴在起作用，并提出十二范畴的观点：

量：单一性、多数性、总体性；

质：实在性、否定性、限定性；

关系：实性与偶性、原因与结果、主动与受动之间的交互作用；

模态：可能性与不可能性、现实性与非现实性、必然性与偶然性。

叔本华在康德的十二范畴中只保留了因果律。他在《作为意志和表象的世界》一书中，首先就说“世界是我的表象”。所谓表象，就是人的主观作用，就是人的意志。在叔本华看来，并非只有人才有意志，世间万物都有意志。人的身体是意志的客观化，身体的各部分都是与意志的需求对应存在的。就像有食欲才有牙齿、食道和胃的存在；有生殖欲才需要有生殖器的存在。动物想捕食猎物，就需要发展爪牙和体力；植物需要阳光，所以向上生长，它需要水源，所以向土壤里深深扎根。不仅动物有意志，植物、矿物也都有自己的意志。总之，世间的一切都是意志的表现。意志表现为欲望，而欲望通常得不到满足，因此需要斗争。自然界的万物包括人都有意志，所以自然界和人类社会都充斥着斗争，而知识就是从这些斗争中得来的。欲望常得不到满足，于是我们的生活充满了苦难，苦难是所有生命都躲避不开的。

王国维“悲观主义”的人生哲学与叔本华

王国维最初同当时的很多思想家一样，是站在反对儒家道德观宿命论的立场上接受西方唯意志论的。他思考了中国传统哲学的“命”“性”“理”等问题，既表达了对儒家天命论的反对态度，同时也为他接受叔本华悲观主义哲学打下了理论基础。

王国维不同意康德以二元论来解决自由与必然矛盾的做法。康德断言，在现象的世界里，一切事物必有他事物为其原因，所以我们的经验无所不受因果律决定，因而是必然的而不是自由的。但在经验所不能到达的本体世界，空间、时间、因果律都不适用，那里才是自由的而不是必然的。所以我们必须假设，有一个摆脱感性世界而依理性世界法则决定自己意志的能力，也就是所谓的自由。叔本华认为因果律在自然界与人的意志中同样存在，王国维持赞同的说法，但在经验的世界中，自由不过是一个空虚的概念，并没有实在内容，人的行为总是受因果律支配。王国维在《原命》一文里宣扬了叔本华的因果律，为生命受幻影支配的悲观主义奠定了哲学基础。

中国哲学史上的几个主要派别，无论是持性善说还是性恶说，最终都会变成性善恶二元论。王国维由此否定了儒家的性善理论，而且预测到，仅仅抽象空泛地谈论人性是没有意义的，可见其思想已经有了否定先验人性论的倾向。

但是，王国维并没有向否定先验人性论的方向来发展自己的理论，而是得出一个极为悲观的结论：人性是善与恶永恒的战场。“政治与道德、宗教与哲学，孰非由此而起乎？历史之所纪述，诗人之所悲歌，又孰非此善恶二性之争斗乎？”而且善恶是绝对对立的，无法相互转移。在《人间嗜好之研究》中，王国维说，在博弈之战中，“吾人竞争之本能遂于此以无嫌疑无忌惮之态度发表之，于是得窥人类之极端之利己主义”。

王国维挣扎在“可信”与“可爱”的矛盾之间，对于叔本华的解脱之道产生了怀疑，终究决定抛弃哲学而到文学中寻求“直接之慰藉”，但因为从本质上说“究竟之慰藉终不可得”，使他终于陷入悲观中的悲观、绝望中的绝望。

谈解脱：艺术让人暂时忘记痛苦

王国维自幼接受中国传统教育，曾中过秀才，但意不在科举。他回想小时候时曾说："家有书五六箧，除《十三经注疏》为儿时所不喜爱，其余晚自塾归，每泛览焉。"金石、考据、绘画和书法等"课外书"激发了王国维求知的兴趣。"甲午之役，始知世尚有所谓新学者"，青年时期的王国维接触到了西方文化，这为他打开了一扇新的知识之门。康德、叔本华、尼采等西方哲学家对王国维产生了很大的影响，尤其是康德的"审美无利害"思想，对王国维构建自己的文艺理论给予了很大的帮助。"无用之用"的形成，既有赖于他对本国传统文化的继承，也来源于西方文化的启发。

形而上学的需要

任何一种思想、学说的形成，都离不开特定的社会政治文化背景。鸦片战争带来的屈辱使中国人猛然惊醒，开始向西方学习。最初引起人们普遍注意的，是与军事相关的自然科学技术。在洋务派的倡导下，清政府广设学堂、新建兵工厂、选派公费留学生，期望可以"师夷长技以制夷"。在经世致用的思潮影响下，"无与于当世之用"的文学而遭到冷遇。

最终，轰轰烈烈的"洋务运动"随着甲午战争的失败宣告破产。

资产阶级改良派在认识到仅靠科技强国是行不通的，所以在致力于政治改革的同时，也注意到了文化的重要性。为了增强民族自信、提高革命热情，文学成了启蒙教化的革命武器，甚至成为政治的宣传工具。“观近数年之文学，亦不重文学自己之价值，而唯视为政治教育之手段。”文学不再以审美为目的，而是具有极强的功利性。

在这样的社会背景与学术氛围下，王国维仍不主张过分放大文艺的实用性，于是在1904年提出了“无用之用”的观点。在他看来，创作是非功利的，带有目的性的都不是真的艺术。

当然，无用并不等于没有用处，只是从实用性的角度来说，不是直接见效于社会罢了，王国维所谓的“无用之用”，就是他大力提倡的“超出乎利用之范围”的审美功用，而哲学、美术、文学恰恰是诠释审美的最佳载体。受叔本华思想的影响，王国维认为，人之所以有功利心是因为人有欲望，而欲望正是人们痛苦的根源。若要解除痛苦、使人忘记利害，可以依靠美。“美之为物，不关于吾人之利害也。吾人观美时，亦不知有一己之利害。”“于是得所谓‘无欲之我’。无欲故空乏，无希望，无恐怖；其视外物也，不以为与我有利害之关系，而但视为纯粹之外物。此境界唯观美时有之。”在人们面对事物时，关注的只是事物本身之美，而不去计较利害得失时，才能够体会到最纯粹的快乐。“盖人心之动，无不束缚于一己之利害；独美之为物，使人忘一己之利害而入高尚纯洁之域，此最纯粹之快乐也。”

在他看来，艺术的价值在于审美，是超功利和超利害的，更不是政治的宣传工具。哲学、文学等从实用的角度来说是无用的，其价值是超出利用范围的。人不只是为了利用而生活，除了实用的欲望之外还有知识、感情等需求。“感情之最高之满足，必求之文学、美术；知识之最高之满足，必求诸哲学”。

无用皆有用

关于有用与无用的命题，数千年前的老子与庄子亦发表过高论。老子云：“有之以为利，无之以为用。”意思是说，有无之间并非绝对对立，而是相依相存的，在一定条件下两者可相互转化。庄子则说：“人皆知有用之用，而莫知无用之用。”庄子的无用之用是相对于社会与个人而言的，对社会无用的不一定对个人也无用，所谓无用和有用是要依具体情况而定的。

王国维将无用与有用二者的关系进行了升华。

第一，他认为无用皆有用。当时人们所看重的“用”是看得见直接效益的事物之“用”，但很多事物的用处并非一眼就能看出来，所以被世人所忽视。王国维举例说：“欧洲近世农、工、商业之进步，固由于物理、化学之兴。然物理、化学高深普遍之部，与蒸气、电信有何关系乎？动植物之学，所关于树艺、畜牧者几何？天文之学所关于航海、授时者几何？心理社会之学，其得应用于政治、教育者亦。以科学而犹若是，而况于史学、文学乎？”

第二，无用与有用的区别在于，有些用处不能直接见效，是精神性而不是物质性的。我们不能因眼前能看到的利益，而忽视那些看不到的所谓无用的东西。因为“一切艺术，悉由一切学问出”。现在没有用的，后世未必也没用，哪怕无用也只是暂时的，必定会有有用的一天。所以王国维感慨：“世之君子可谓知有用之用，而不知无用之用者矣。”

王国维“无用之用”的主张并非审美功利主义。“无用之用”强调的是审美而不是政治教化功用，审美功能不会很快产生效果，但最终仍是对社会有用的，但这和功利有所不同。承认文学的功用不等同于主张功利，文学功用也绝不是文学功利。王国维的“无用之用”不是以功利为目的的。在“无用之用”这个命题里有两个“用”，前一个是指世俗的政治、道德等教化作用，后一个是指对人心理和精神产生的建设作用。王国维的“无用之用”简而言之就是基于现实却又超越功利的审美功用。

在“以学问作手段而非目的”的年代，王国维将中国传统的老庄哲学融合西方的美学思想，博采中西之长，构成了自己独特的文学功用观，为近代文论史、美学史献上了一块奇异而绚烂的瑰宝。

谈人生：
哲学与宗教维度的命题

王国维生于忧患，历经“世变”，再加上体素羸弱，性复忧郁，使得他对人生的价值和意义等问题格外敏感，并以此开始了自己早年的哲学研究之旅。王国维并非虔诚的宗教徒，对宗教也并没有较为深入的研究，但宗教思想却一直潜移默化地影响着他。哲学想要解答何为人生，而宗教则着眼于人生何往的问题。“人生”是哲学与宗教共同关注的话题。王国维关注人生，试图以哲学来寻找答案，而在寻找答案的过程中，与宗教不期而遇。

王国维的宗教情怀

王国维极力推崇著名哲学家尼采、叔本华，他们的思想都汲取了宗教元素，但对宗教又都是持反对态度的。尼采认为，基督教是社会堕落的征兆，是最腐败最恶最弱的一种虚妄之教，是文化之敌，“一切宗教皆弱者之所唱也”。叔本华则把当时的基督教看作是复活的犹太教而予以抨击。在这样的影响下，王国维对宗教的基本态度自然也是反对的。

我国著名佛学家王恩洋对王国维的宗教态度深感遗憾，“王氏哲理深湛，善发疑情，乃不于此宇宙本体论上致其怀疑，而盲目的信从叔氏之说，乃据之以疑解脱之不可能，是又最可痛惜者也”。然而，王国维虽无宗教信仰，但有着一定的宗教情怀，在他的思想中涌动一种几近宗教情感的元素。

所谓宗教情怀，就是追寻人生的意义，并以解脱人生为终极追求。

王国维在《论近年之学术界》中，将我国古代的思想分为能动与受动两种形态。能动就是由本国之内兴起，受动则是受外国影响而起。春秋战国之时，民智成熟，政治纷乱，这样的社会局面催生出灿烂的“诸子百家”，这是中国思想史上唯一的能动时代，此后则大体流于受动，偶尔的能动也是受动的附加产物而已。汉代以后，学界几乎停止了发展，直到佛教传入中国，才让沉寂的思想界再度振作精神。对此，王国维的观点如下：

佛教之东，适值吾国思想凋敝之后。当此之时，学者见之，如饥者之得食，渴者之得饮。担簦访道者，接武于葱岭之道；翻经译论者，云集于南北之都。自六朝至于唐室，而佛陀之教极千古之盛矣。此为吾国思想受动之时代。然当是时，吾国固有之思想与印度之思想互相并行，而不相化合。至宋儒出而一调和之，此又由受动之时出而稍带能动之性质也。自宋以后以至本朝，思想之停滞略同于两汉。至今日而第二之佛教又见告矣，西洋之思想是也。

可见，王国维虽觉得当时的佛教已到了“腐败之极点”，但并不讳谈佛家思想的积极影响。此外，他也肯定了宗教对人生的慰藉作用：

今夫蚩蚩之氓，终岁勤动，与牛马均劳逸，以其血汗易其衣食，犹不免于冻馁。人世之快乐，终其身无斯须之分，百年之后，奄归土壤。

自彼观之，则彼之生活果有何意义乎？而幸而有宗教家者，教之以上帝之存在，灵魂之不灭，使知暗黑局促之生活外，尚有光明永久之生活。而在此生活中，无论知愚、贫富、王公编氓，一切平等，而皆处同一之地位，享同一之快乐。今世之事业，不过求其足以当此生活而不愧而已。此说之对富贵者之效如何，吾不敢知，然其对劳苦无告之民，其易听受也必矣。彼于是偿现世之失望以来世之希望，慰此岸之苦痛以彼岸之快乐。宗教之所以不可废者，以此故也。

人生的苦痛与解脱

王国维所处的那个时代是一个实实在在的“世变”时代，诸如：甲午海战、戊戌变法、慈禧新政、庚子之变、辛亥革命、清帝逊位、张勋复辟、袁世凯称帝、五四运动、北伐战争，等等。变幻莫测的时局，接连不断的战争，很容易为人带来绝望之感。

人生多艰，王国维渴望从哲学的层面来探讨人生真谛，找出人生的本质，以缓解对人生无常的焦虑。王国维寄希望于哲学，可哲学并没有给他想要的答案，“旋悟叔氏之说，半出于主观的气质，而无关于客观的知识”。

哲学试图还原人生的本质，以合理、科学的方式解释人生，从而缓解对人生的失望，甚至绝望；而宗教则将对现世苦痛的解脱寄希望于来世，以虚无的来世麻痹现世之人，让人们忽略现世的种种苦难与不幸。哲学与宗教虽然在解读人生上有着巨大的区别，但对现世苦痛的解脱却是一致的。于是，哲学与宗教便在一定程度上合流了。对于人生本质，王国维是这么说的：

生活之本质何？欲而已矣。欲之为性无厌，而其原生于不足。不足之状态，苦痛是也。既偿一欲，则此欲以终。然欲之被偿者一，而不偿者什佰，一欲既终，他欲随之，故究竟之慰藉，终不可得也。即使吾人之欲悉偿，而更无所欲之对象，倦厌之情，即起而乘之，于是吾人自己之生活，若负之而不胜其重。……然则人生之所欲，既无以逾于生活，而生活之性质，又不外乎苦痛，故欲与生活与苦痛，三者一而已矣。

人生因不间断的欲望而形成不间断的苦痛，王国维对此有着深刻的体验，希望自己在系统梳理中西哲学之后，能够“自立一新系统，自创一新哲学”，建立自己的一家之说。他不仅要解决自己所面临的人生困境，也希望能由此使更多的人能走出困境，在现世得到更多切实的慰藉。

可惜，哲学与宗教都没有都没能给王国维想要的答案。于是他转而向文学索取“直接之慰藉”。王国维为了追寻人生的意义而迷恋哲学，又因迷恋哲学而旁涉宗教，这样特别的学术经历不仅令他的哲学思想沾染了宗教色彩，也为日后的文学理论奠定了重要基石。“人生”的苦痛、解脱、慰藉，循环往复，就这样困扰着也影响着“而立”之前的王国维。

谈哲学：为之正名

清朝末年，随着西方列强的入侵，天朝上国的假象瞬间崩塌。从此无论是洋务派的师夷长技以自强，还是变法维新、民主革命，都贯穿着救亡图存的时代主题。王国维的哲学思想，正是植根于这样一个特殊的时代背景，并因此显出不同寻常的意义来。他希望借用西方哲学的概念和范畴来尝试解决中国哲学史上争论数代的难题，并以此建立起自己的新学说。这些通过中西哲学比较、互相参照而得出的结论，不仅使人耳目一新，还颇有启迪意义。

王国维治学不以经世致用为目的，没有因急于富国强民而丧失学者的客观和深度，依然专心于学术发展。尽管并没有为千年以来的哲学论争带来根本性的解决方法，但王国维开创的以西方哲学方法来对传统哲学进行解答的方式，对西方哲学在国内的传播，以及中西哲学的融会贯通，做出了开创性的贡献。“他对于哲学的观察，也不是同时人所能及的”，蔡元培先生对王国维给出这样的评价可以说毫不夸张。

为哲学正名

“哲学”一词是从日本移植过来的，始见于 1902 年《新民丛报》。但王国维涉足哲学领域则始于 1901 年，正如他所说的“余之研究哲学，始于辛、壬之间，癸卯春，始读汗德（即康德）之纯理批评，苦其不可解，读几半而辍。嗣读叔本华之书而大好之，自癸卯之夏以至甲辰之冬，皆与叔本华之书为伴侣。”

哲学进入中国之初并不顺利。当时颇受慈禧太后倚重的张之洞、张百熙等人极力抵制一些西方思想的传播，对“哲学”作为一门学科而出现万分惊恐，上疏朝廷要求用传统名学来取代哲学。一时间，“海内之士颇有以哲学为诟病者”。

但王国维是有独立思考能力的、真正的学者。他痛批张之洞等人的陋见，极力申明哲学学理上的根据，全力为哲学正名。1903 年 7 月他发表《哲学辨惑》，分析了哲学与理学的关系，认定哲学也是中国固有的学问，“周子‘太极’之说，张子‘正蒙’之论，邵子之《皇极经世》，皆深入哲学之问题。此岂独宋儒之说为然，六经亦有之。《易》之‘太极’，《书》之‘降衷’，《礼》之‘中庸’，自说者言之，谓之非虚非寂，得乎？”“夫哲学者，犹中国所谓理学云尔。”1904 年初，清政府颁布了由张之洞参与主持起草的《奏定学堂章程》，又称“癸卯学制”，砍去哲学一科。王国维批评这样的制度：“独于文科大学中削除哲学一科，而以理学科代之。”1906 年又发表《奏定经学科大学文学科大学章程书后》，批评《奏定学堂章程》所定经学科大学、文学科大学制度的根本错误，就在于缺少哲学一科。

《哲学辨惑》《奏定经学科大学文学科大学章程书后》这两篇文章的思想是一脉相承的，主要从哲学是否有害、是否有用，以及中西哲学之间的关系这三点，来驳斥张之洞等人的哲学“有害且无用”论。

王国维指出“自由平等说非哲学之原理，乃法学、政治学之原理也”，认为封建统治者的哲学有害之说其实是错置了对象。王国维还大力宣扬哲学超越功用的学科价值，“天下有最神圣最尊贵而无与于当世之用者，哲学与美术是已。……夫哲学与美术之所志者，真理也。”以此哲学无用的论调。“以功用论哲学，则哲学之价值失。哲学之所以有价值者，正以其超出乎利用之范围故也。”哲学不是功利的，但绝非无用的。

王国维很赞同叔本华的观点，人是形而上学的动物，对宇宙、人生有着终极关怀，人类与哲学是无法分割的。王国维治学态度严谨，学术胸怀开阔，批评以哲学为诟病者不知哲学之性质，不知哲学即理学，维护了哲学学科的地位与尊严。他认为西方哲学与中国传统哲学的关系，类似于诸子哲学与儒家哲学的关系，“异日发明光大我国之学术者，必在兼通世界学术之人，而不在一孔之陋儒，固可决也”。

初步建构中国哲学的学科框架

王国维认为中国并不具备真正意义上的哲学，“我国无纯粹之哲学，其最完备者，唯道德哲学与政治哲学耳”，而且中国的哲学是掺杂了政治、文学的。中国哲学既没有严密的构造，又缺少完整的理论，因此王国维呼吁以西方的抽象思维来构筑中国哲学理论，为中国哲学建立自己的研究学理和概念范畴。在这种思想的指导下，王国维大力介绍西方哲学。

在东西哲学的初次大交锋中，王国维不以经世致用的传统尺度来衡量哲学的价值，而从纯粹的学术立场来审视哲学，越出传统理学的樊篱，将哲学视为最根本的科学，阐述了哲学作为一门独立学科存在的必要理由，对中国哲学学科的建立起到了重要的作用。“这涉及的可不是一个细小的分歧，而是与现代学术的分类直接相关的大学分科问题。”

不仅如此，王国维还将哲学作为一种理论，应用到具体的学科研究中，他撰写的《宋元戏曲考》《红楼梦评论》正是此类代表。国学大师陈寅恪先生也将此作为王国维的重大成就，他说："取外来之观念与固有之材料，互相参证，凡属于文艺批评及小说戏曲之作，如《红楼梦评论》及《宋元戏曲考》等是也。"

王国维为中国哲学学科的建设和完善付出了极大的努力，并在一定程度上推动了中国哲学的研究进程，但与此同时，他也反对将西方哲学的模式生搬硬套过来，因为中西哲学之间，无论是理论倾向还是概念范畴，都存在着一定的区别。王国维的这一观点，可以说至今仍对我们的哲学学科建设具有借鉴意义。

时至今日，对王国维的评说与研究依然在继续。著名学者刘梦溪对王国维的这段评价尤为恰当，他说："至十九世纪末、二十世纪初，中国社会处于剧烈的变动之中，学术思想也因所依托的社会结构的崩解塌陷而开始了烈性的化分化合的过程。这其间诞生了一批无论学识累积还是文化担当力都堪称一流的大师巨子，他们既是传统学术的承继者，又是现代学术的奠基人。王国维是他们之中最具有代表性和最杰出的一个。"

谈叔本华与尼采：天之所靳，人之不幸

叔本华与尼采都是天才，天才是痛苦的。王国维在《静庵文集·叔本华与尼采》一文中曾详论这种天才的苦痛：

呜乎！天才者，天之所靳而人之不幸也。蚩蚩之民，饥而食，渴而饮，老身长子，以遂其生活之欲，斯已耳。彼之苦痛，生活之苦痛而已，彼之快乐，生活之快乐而已。过此以往，虽有大疑大患，不足以撄其心。人之永保此蚩蚩之状态者，固其人之福祉，而天之所独厚者也。若夫天才，彼之所缺陷者与人同，而独能洞见其缺陷之处；彼与蚩蚩者俱生，而独疑其所以生。一言以蔽之，彼之生活也与人同，而其以生活为一问题也与人异；彼之生于世界也与人同，而其以世界为一问题也与人异。……夫天才之大小，与其知力意志之大小为比例，故苦痛之大小亦与天才之大小为比例。

叔本华：生命意志论与悲剧主义人生观

叔本华在《作为意志和表象的世界》的开篇说，“世界是我的表象，世界的本质是意志”。所谓表象，就是直观的客体对象，对于意志，叔本华则这样解释：“一切表象都有着共同的本质，这就是意志；意志是自在之物，它的客体化就是表象，即现象世界的万事万物。”

叔本华认为意志是“自在之物”，是世界的本质。意志盲目而又无止境地满足着欲望，这样的意志无处不在，是一切事物形成的根据与动力，一切事物均为意志的客体化。于是，叔本华把注意力从传统形而上学对实体、理性、绝对理念的探究，转向对个人生存境遇的关怀。

叔本华在研究世界的本质时，以个体的人为出发点，先得出人的本质是意志的结论，进而断言世界的本质也是意志。这种虚无的生命意志论与叔本华悲剧主义的人生观是紧密相关的。王国维曾这样概述了叔本华悲剧主义的人生观，“在叔本华看来，悲剧有三种之别：第一种之悲剧由极恶之人，极其所有能力以交构之；第二种之悲剧由于盲目的运命者；第三种之悲剧由于剧中人物之位置及关系不得不然者”。

叔本华认为，世界是不存在的，是完全虚无、无法把控的事物。人的生命意志才是世界的本体，而生命意志的本质是节节高升的贪欲。满足只是暂时的，贪欲会令人产生更多的要求，进而又不满足。这种贪欲和不满足就是痛苦的根源。贪欲无止境，痛苦也就无止境，所以人世是苦。叔本华认为现实世界是痛苦的，这样的思想是受佛教教义影响，想要解脱只有修心禁欲。

禁欲可将人拔出苦海，因为人生的痛苦都是意志和欲求造成的，只有将欲求禁锢，否定意志，才可能解脱。然而若将生命意志否定，人确实可以得到解脱，但人生亦会因此丧失意义。这样看似消极的人生观背后，也有积极的一面。叔本华的时代，正是资本主义高度膨胀的时代，精神危机被繁荣的表象所掩盖。叔本华消极的人生观，其实是对理性过度膨胀的反思。

尼采：权力意志与“超人”哲学

尼采的“权力意志”说是对叔本华“生命意志论”的批判性继承，尼采肯定了叔本华对绝对理性的道德意义和权威的否定，与此同时也批判了叔本华的悲剧主义人生观。叔本华把作为世界根本的意志，看作是只能带来痛苦的、应该给予消灭的东西，对此，尼采是不认同的。

在尼采看来，弱者只看到意志的“生存”意愿，看不到意志的“权力”意愿，这种人眼中的生命和意志缺乏主动性。尼采强调权力意志，认为强权和处于支配的权力才是世界的核心，尼采用这种积极的权力观，将自己和叔本华区分开来。叔本华认为生命意义在于“求生存”，尼采认为生命意志还包括超越、升华、扩张和进步，这样的生命意志就是“权力意志”，尼采说：“什么叫生命？这就必须给生命的要领下一个新的、确切的定义了。我给它开列的公式如下：生命就是权力意志。”这里所说的“权力”并非政治权力，而是泛指对自我以及环境的把控和创造。这种权力意志创造并决定了人的整个生命旅程，从各种肉体活动到精神活动，从个体到全世界，都是权力意志的表现。权力意志是永存的，它是人生命的本质，没人可以摆脱它。

尼采在权力意志的基础上，又慢慢建立了“超人哲学”的人生观，“超人是充满酒神精神的生命的肯定者和生之欢乐的享受者，有着健全生命本能和旺盛的强力意志的强者，有着独特个性的人，是自然和社会的立法者，本身不受任何法律约束，超越一切传统道德规范，处于善恶彼岸，是不为文明所累的‘未来之子’”。

尼采宣称上帝已死，反对基督教会对人性的禁锢，也否定理性道德对人的精神压迫，生命的存在是一切价值创新的基础和动力，否定现实生命的价值会阻碍创新，以致生命陷入停滞和衰退。“超人哲学”宣扬的是人的尊严和力量，提倡冲破宗教和道德的禁锢，将主宰自己的命运，创造自己，开拓自己，发展自己，成为“超人”。

叔本华与尼采的思想其实都包含理性的实质。叔本华的“生命意志论”虽然对人生持悲观的态度，但并不认同靠自杀来寻求解脱，自杀只能毁灭肉体，却不能让个体生前欲望的意志一同毁灭，不仅无法解脱，甚至在某种程度上还会放大个体的欲望。尼采看似疯狂的“超人”哲学，实则是对道德和宗教禁欲的批判，强调人的觉醒。叔本华与尼采的思想充满了反抗，反抗虽给他们带来痛苦，也为后人留下了智慧。

第四章

美之为物，一曰优美，一曰壮美

——读王国维《红楼梦评论》

在王国维看来,《红楼梦》不仅是一部文学名著，还是哲学的著述。于是，他撰写了《〈红楼梦〉评论》一文，用叔本华的唯意志论和悲观主义思想，来对《红楼梦》的价值以及伦理学上的意义进行哲学的诠释。以唯意志论作为理论基点，来分析《红楼梦》，这固然是王国维的一家之言，但并不失为一次有益的尝试。

谈《红楼梦》：人生及美术之概观

《红楼梦》是中国文化宝库中灿烂夺目的瑰宝，其影响早已经跨过民族与语言的范围，成为了世界文化园林当中的一朵奇葩。在中国，对《红楼梦》一书的研究已经成为一门专门的、独立的学问，并且长盛不衰，堪称学术领域的奇观。王国维评析解读《红楼梦》，不同于索引派的牵强附会，然后去零散地发表一些意见，而是系统地去研究《红楼梦》的精神极其美学价值，对当时的红学研究堪称一大突破。

在对美学基本没有任何概念的年代，王国维从哲学高度，对《红楼梦》进行了人本主义美学批评，堪称中国美学史上最令人欣喜的成就之一。

人生、艺术以及《红楼梦》之精神

《〈红楼梦〉评论》中的第一章为《人生及美术之概观》，第二章为《〈红楼梦〉之精神》。王国维在这里所说的美术也就是今天我们所说的艺术，他阐述了自己对文艺与人生的基本观点，着重说明“欲望”和“痛苦”是人生的主题，虽然不是针对《红楼梦》所发，但却由此引出自己对《红楼梦》的评析的出发点和依据。

全文以老庄二人的思想“人之大患，在我有身”和“大块载我以形，劳我以生”作为开端，目的是为了引出一个重要命题——人生充满忧患与劳苦，人生的苦海难以解脱。在这里他又表达了叔本华“钟摆理论”的原理，人终生挣扎在欲望里，一个欲望得到满足了，又会产生更多新的欲望，欲望得不到满足会痛苦，可欲望得到满足后，又会感到厌倦。因此，人生就像钟摆一样，在痛苦与厌倦之间循环往复着。那么，是否有办法可以减轻人们的痛苦呢？王国维给出的答案是艺术。他说：“物之能使吾人超然于利害之外者，必其物之于吾人无利害之关系而后可。易言以明之，必其物非实物而后可。然则非美术何足以当之乎！”

然而，并非所有的艺术创作都是有益的，王国维将文艺作品分为两类，一种是可以令人远离生活之欲的，另一种则令人重新归于生活之欲。王国维认为前一种是上乘佳作，后一种则是应当丢弃的劣作，《红楼梦》当属佳作中的佳作。

在对人生与艺术做了上述评价后，王国维又转而论述《红楼梦》的精神。“饮食男女，人之大欲存焉。然人七日不食即死，一日不再食则饥”，但“男女之欲”却是有害无利。王国维认为《红楼梦》最精妙的地方就在于，“实示此生活此苦痛之由于自造，又示其解脱之道不可不由自己求之者也”，也因此王国维称《红楼梦》可与《浮士德》媲美。

伦理与美学的困境

叔本华曾试图在美学与伦理学之间，寻找连接的纽带，王国维作为叔本华的追随者，也就解脱这一美学的最高理想向叔本华发问。

宝玉出家是自身的解脱，但从世俗的道德标准来说，他又是“不忠不孝之罪人也”。在人类发展的进程中，这样的普世道德早已演化成为公序良俗的标准。然而认真分析后我们会发现，人类的诞生源于祖先一时的欲念冲动的结果，子孙后代既承担了繁衍的义务也承受了生命的痛苦。后世子孙如果无法在精神上获得解脱，祖先也难辞其咎。一个人若想消除痛苦只能靠自己，而作为社会的一分子，个人又要受伦理的约束。在普世道德面前，宝玉是大错特错，但又符合人类的最高理想，这是莫大的矛盾。王国维从小深受传统文化影响，受“达则兼济天下”的士大夫文化熏陶，在忧国忧民的社会理想和个体的精神解脱之间，宝玉在伦理方面的困境，其实也是王国维等近代知识分子的精神困境。

解脱意味着人生体验的剥离，倘若世人都解脱了，那就没有人生了，文艺也会丧失存在的意义。对王国维而言，解脱是文艺的终极目的。“美术之价值，存于使人离生活之欲，而入于纯粹之知识”。一个解脱的人没有了欲望，便再没有欣赏文艺的必要了，因为不可能因此再获得什么情志上的补益。叔本华曾将文艺看作转移人生痛苦的方式，但也承认这不是解决问题的根本途径，于是最终选择了“寂灭论”的宗教式怀抱。王国维意识到叔本华的极端，于是选择从文艺审美上寻找精神出路。由此我们便可理解王国维的担心：如果世间的人都解脱了，文艺也就没有存在的必要了。

《红楼梦》以解脱为理想，获得了王国维的极大肯定，可见王国维其实对解脱实践的可能性还是怀有希望的，但本身敏感悲观的他又知道解脱之事终无可能，却也毫无办法。这是叔本华的局限，也是王国维的局限。

对叔本华哲学的放弃

写完《红楼梦评论》后，王国维得出解脱之事终无可能的结论。生活之欲造就了人生的痛苦，这是叔本华的推论，然而人生的本质是否就是痛苦，这是无法被证实的。叔本华的学术观点充满悲观色彩，认为荣华富贵都是虚无，但实际生活中他却是一个极其注重名利的人；他宣扬轮回，称死亡并不可怕，但在瘟疫流行之际却早早就逃跑避难了。

对于叔本华来说，理论就是理论，从未进行实践。而王国维却抱着“知行合一”的态度，来实践人生的解脱，当他发现叔本华主观理论与客观实践之间存在矛盾，叔本华理论起初带给他的惊喜便逐渐暗淡了下来了。

王国维把解脱作为文艺的最高理想，却遭遇叔本华的“寂灭”之说，终于王国维结合中国的文化语境，选择了放弃叔本华的理论。这既符合中国文人的审美旨趣，又是在王国维向西方求真的过程中，对我国传统哲学的回归。

谈《红楼梦》之精神：解脱

人生被欲望所支配，欲望得不到满足，于是造成了人生的痛苦，而欲望是永无止境的，所以人生的痛苦也是无穷无尽的。一个人殚思竭虑地经营自己的生活，为将来苦心谋划，都是为了满足心底的欲望。生存是人生最基本的欲望，但欲望并不局限于生存之欲。

王国维说："且人生苟为数十年之生活计，则其维持此生活，亦易易耳，曷为而其忧劳之度，倍蓰而未有已？"《记》曰："人不婚宦，情欲失半。"人活着除了最基本的生存之欲外，还有结婚和出仕的欲望，王国维认为，如果能摆脱这些欲望的束缚，那么人生能减少一半的烦恼和情绪波动。那么，是否有办法可以解决这个问题，使人们找到摆脱欲望的出路呢？对此，王国维认为只有叔本华的唯意志论思想，能够在哲学领域做到这一点。

无从逃避的欲望

在文学领域中，艺术再现人生欲望与苦痛交织的作品并不少见，可能够解决这一问题的却寥寥无几，《红楼梦》不仅表现了这一命题，还提出了解决之道。基于这样的观点，王国维视《红楼梦》为一部"绝大的著作"。《红楼梦》男主人公贾宝玉的出身来历设定十分有趣，他本是女娲炼石补天所剩下的一块顽石，在经过锻炼之后有了灵性，见其他石头炼成之后都被用来补天了，只有自己被女娲娘娘弃之不用，于是自怨自艾。王国维通过对这段贾宝玉前世经历进行分析，认为人全部的痛苦与堕落统统源自欲望，是意志自由的罪恶。

贾宝玉这块顽石的前世本是要用来补天的，既然不用补天有幸获得自由，为什么不悠游于广阔的天地之间，而非要落入这万丈红尘，到充斥着辛劳与痛苦的世界里来作一番历练呢？王国维对此的解释是，“此可知生活之欲之先人生而存在，而人生不过此欲之发现也”。意思是说，欲望作为人生的本质，是先于这个人的生活而存在的，人不过是在生活之中体会到了自身欲望的存在，并且在欲望的驱使和奴役之下体会着生活之苦。《红楼梦》里描写的这块补天顽石，其实在心底隐藏了种种的欲望，所以当他看到自己以外的众石都能够去补天，才会因为欲望没有得到满足而生出痛苦之感，于是错误地决定来到人世历练。

王国维的这些观点明显地表达了他的哲学观点。王国维接受了叔本华的唯意志论思想，他认为无的本质是先于事物存在的，认为欲望是世界乃至人生的本质，也是康德所说的“物自体”，而且是独立于具体事物之外，并能够支配具体事物的先验的一种存在。欲望是人生的本质，这样强烈的欲望并非形成于后天，而是先验的存在于人的意识之中，所以人的一生都只能受制于欲望，在欲望的支配之下活得毫无自由。透过本质先于具体事物存在这样的判断，进一步加强了欲望对人生的支配的作用，更加证明了王国维人生的欲望是无从逃避的观点。

欲望的解脱之路

王国维指出：“《红楼梦》一书，实示此生活、此苦痛之由于自造，又示其解脱之道不可不由自己求之也。”

《红楼梦》中透彻地描绘了人的种种欲望，但是在王国维看来，这部作品的价值不仅仅在于生动而艺术地表达出了人生的苦痛，其更大的价值，同时也是其真正的价值，乃是为人生的苦痛找到了一条通往解脱的光明大道，这也是《红楼梦》的精神所在。

王国维认为《红楼梦》的故事为我们揭示出这样一个道理，即人生的痛苦不是从外部造成的，周围的环境和现实的条件或许会给我们带来不快，但绝不是我们精神上的痛苦之源，潜藏在人们心中那永远得不到满足的欲望，才是人生一切苦难的根源。也就是说，人生的苦痛是人自身的、主观的意识造成的，而非存在于意识之外的客观条件所能决定的。

那么，既然苦难源自人的主观意识，所以想要找寻解脱的途径，也只得从人的主观上入手，这也是王国维所说的“由己求之”的意义所在。所谓“由己求之”，就是求助于自己，从自身的主观精神意志方面寻找解脱之道。

人生的苦难是主观性，而且只能从主观出发去寻求解脱，那么真正的解脱之路是否存在呢？王国维说：“解脱之道，存于出世，而不存于自杀。出世者，拒绝一切生活之欲也。”因为欲望是人生一切苦难之根源，所以只有断绝种种欲念，才能够根除人生之苦。生活中的欲望越强烈，他所要求的也就越多，于是恶性循环，要求的越多不满足感也就越强，其痛苦的程度也就愈发强烈，如此这般循环往复，人生的苦痛与忧患愈演愈烈，也就在欲望的深渊中迷失得愈发难以自拔。

不过难以自拔不等于无法自拔，王国维断言，人是可以解脱的，哪怕深陷欲望的泥沼，只要可以反躬自省，悟出自身的欲望是苦痛的根源，并自觉地断绝欲望，摒弃欲望的羁绊，变化自身的气质，依然有可能从无尽的苦难之中获得解脱。他说，解脱人生的苦难的途径在于“全变其气质，而超出乎苦乐之外。举昔所执着者，一旦而舍之。彼以生活为炉、苦痛为炭，而铸其解脱之鼎”。

鸣呼！宇宙一生活之欲而已，而此生活之欲之罪过，即以生活之苦痛罚之，此即宇宙之永远的正义也。自犯罪，自加罚，自忏悔，自解脱。美术之务在描写人生之苦痛于其解脱之道，而使吾侪冯生之徒于此桎梏之世界中，离此生活之欲之争斗，而得其暂时之平和。此一切美术之目的也。夫欧洲近世之文学中，所以推格代之《法斯德》为第一者，以其描写博士法斯德之苦痛及其解脱之途径最为精切故也。

王国维又将歌德笔下的浮士德拿来与贾宝玉作了比较，认为二者寻求解脱的过程颇为相似。当人物陷入欲望的最底层亦看到解脱的曙光了，贾宝玉听《寄生草》的曲子时，悟到自身的由来，已暗自生出解脱的念头，只是当时心中牵挂着林黛玉才回到了严峻的现实生活当中，黛玉死后他出家的念头逐渐坚决起来，终于经过种种波折摆脱了苦痛之扰，战胜欲望得到了解脱。

谈《红楼梦》之美学价值：悲剧中之悲剧也

西方美学的一个重要范畴是“悲剧”，在中国古代这一概念并不为人们所知。后来，随着西方美学传入中国，“悲剧”也随之成为了中国现代美学的重要范畴之一。在中国，最先接受“悲剧”这一概念并将其运用到阐述和评论中国古典文学作品中的，要数王国维所著的《〈红楼梦〉评论》。在哲学方面，王国维深受叔本华悲剧观点的影响，在《〈红楼梦〉评论》一书中，王国维也从叔本华的悲剧主义观念出发，来解释《红楼梦》作为“悲剧中之悲剧”的悲剧性根源。

痛苦，生活之本质

正如叔本华所说：“人生如同上好弦的钟，盲目地走一切只听命于生存意志的摆布，追求人生目的和价值是毫无意义的。”叔本华的哲学观念中，“意志”是一个重要概念。他以唯意志论为出发点，指出意志是“宇宙人生的本来性质”。然则，意志无所不在，它是一切生存之基本，是一切事物之本原，同时意志又是盲目的。王国维在叔本华“意志说”的观点上进一步指出，所谓意志，表现在人的身上就是“生活之欲”，即对生活的欲望。欲望本是无限的，它产生于个体在某方面的不足。随着不足不断加深，则变为一种痛苦。即使某一种欲望得以满足，又会有另一种欲望随之而来。人之一生，欲望带来的痛苦远远大于快乐。即使所有的欲望都能得到满足，最终结果也不过是无物可欲所带来的厌倦情绪，这是一种更深层次的痛苦。

王国维正是认识到了这一点，在《〈红楼梦〉评论》中他如是说：

生活之本质何？欲而已矣。欲之为性无厌，而其原生于不足。不足之状态，苦痛是也。既偿一欲，则此欲以终。然欲之被偿者一，而不偿者什伯，一欲既终，他欲随之，故究竟之慰藉，终不可得也……然当其求快乐也，吾人于固有之苦痛外，又不得不加以努力，而努力亦苦痛之一也。且快乐之后，其感苦痛也弥深，故苦痛而无回复之快乐者有之矣，未有快乐而不先之或继之以苦痛者也，又此苦痛与世界之文化俱增，而不由之而减。何则？文化愈进，其知识弥广，其所欲弥多，又其感苦痛亦弥甚故也。然则人生之所欲既无以逾于生活，而生活之性质又不外乎苦痛，故欲与生活与苦痛，三者一而已矣。

所以，如果说人生生活之主流即是痛苦，也未尝不可。生活、欲求和苦痛乃是生活的本质。

《红楼梦》与第三种悲剧

叔本华认为，悲剧的根本在于描写意志和欲望所造成的罪恶和痛苦，也因此揭示出人生的本质。在叔本华“悲剧说”的基础上，王国维将悲剧分为三种：

第一种之悲剧，由极恶之人极其所有之能力以交构之者；第二种之悲剧，由于盲目的运命者；第三种之悲剧，由于剧中之人物之位置及关系而不得不然者，非必有蛇蝎之性质与意外之变故也，但由普通之人物、普通之境遇逼之，不得不如是。……若前二种之悲剧，吾人对蛇蝎之人物与盲目之命运，未尝不悚然战栗然，以其罕见之故，犹幸吾生之可以免，而不必求息肩之地也。但在第三种，则见此非常之势力足以破坏人生之福祉者，无时而不可坠于吾前。且此等惨酷之行，不但时时可受诸己，而或可以加诸人，躬丁其酷，而无不平之可鸣，此可谓天下之至惨也。若《红楼梦》，则正第三种之悲剧也。

倘若说，前两种悲剧是由于穷凶极恶或盲从命运所导致，然则第三种悲剧则是发生在平凡人身上的悲剧，是我们无法躲避的悲剧。正因如此，作为第三种悲剧的《红楼梦》才被王国维称为“悲剧中之悲剧”，这是一种彻头彻尾的悲剧。

《红楼梦》的悲剧之所以发生，并非人生中的偶然事件，也不是因为穷凶极恶之人所造就，而是故事中人物自身的行为和性格所导致的。这种悲剧最贴近现实，与我们平凡人生中发生的种种不幸如此接近。

同时，从美学价值的角度来看，文学作品中对这种悲剧的塑造是最困难的。因为它如此贴近我们的现实生活，如细微处迸发出惊人的力量。古往今来，很多悲剧作家都尽量避免塑造这种缺少戏剧性冲突的悲剧，然而曹雪芹却塑造了第三种悲剧的千古名作。

鲁迅说：“悲剧是将人生有价值的东西毁灭给人看。”在王国维的悲剧美学观中，《红楼梦》的价值不止于此。正因为在王国维的悲剧主义观念中，人生之本质在于痛苦、欲望和生活的三者合一，而唯有这悲剧化的艺术能让芸芸众生从现实之苦海中短暂地解脱出来。

《红楼梦》，艺术化的悲剧图景

王国维所著《〈红楼梦〉评论》在“红学”研究史上留下了浓墨重彩的一笔，是后世学者研究《红楼梦》所无法逾越的。王国维深谙中国古典戏剧及文学，他发现，《红楼梦》所传达的悲剧情怀与我国古典戏剧、文学中代代相传的某种“乐天派”精神是背道而驰的。就像他说的，“吾国人之精神，世间的也，乐天的也，故代表其精神之戏曲小说，无往而不着此乐天之色彩……吾国之文学，以挟乐天的精神故，故往往说诗歌的正义，善人必令其终，而恶人必离其罚：此亦吾国戏曲、小说之特质也。”王国维从我国思想文化、文学艺术及古人审美等方面进行了总结，无论是文学、小说还是戏曲，都追求“善”，力求一个大团圆的完满结局。所以悲始欢终、离始合终、困始亨终。

《红楼梦》这种反传统的悲剧色彩正是其美学价值的完美体现，从另一方面也揭示了为何《红楼梦》在面世初期遭人冷遇、甚至一度成为禁书。因为《红楼梦》所反映的这种悲剧精神是与我们民族的主流价值观不相符的，是有违传统的。

王国维对《红楼梦》的美学价值进行了艺术化、哲学化的解析。他正视《红楼梦》前无古人的悲剧美学价值，率先向传统的、千篇一律的“乐天派”“大团圆”唱反调。《红楼梦》之美、之悲，在于这一文学作品立足于现实，反映真实的人性。《〈红楼梦〉评论》中王国维借由替《红楼梦》之悲剧美学发生，开启中国文学批评中“写实主义”之先河。

谈《红楼梦》之伦理价值：欲望与解脱

《红楼梦》者，悲剧中之悲剧也。其美学上之价值即存乎此。然使无伦理学上之价值以继之，则其于美术上之价值尚未可知也。

在王国维看来，《红楼梦》在美学上的价值极高，而紧随其后的便是伦理学上的价值。如果《红楼梦》只是用艺术的形式表现了人陷入欲望的泥沼中痛苦挣扎不能自拔，而没有表达出渴望从其中获得解脱的思想倾向，那么它在美学上的价值则会大大降低。

《红楼梦》的美学价值与伦理价值

“今使为宝玉者，于黛玉既死之后，或感愤而自杀，或放废以终其身，则虽谓此书一无价值可也。”王国维认为，如果在林黛玉死后，贾宝玉选择自杀或是就此沉沦颓废下去，那么《红楼梦》的美学价值就会大打折扣，甚至可以说毫无价值。对于这样的观点，王国维自己这样解释的，他说：“欲达解脱之域者，故不可不尝人事之忧患；然所贵乎忧患者，以其为解脱之手段故，非重忧患自身之价值也。”通过对忧患的表现而令读者有所警醒，然后自发地进行思考，探究自己为何也会同主人公一样处于种种忧患之中，进而认识到人生的忧患与痛苦究竟从何而来，并且令潜藏在内心深处的寻求解脱的勇气迸发出来。

正是因为有了这样的认识，王国维才会说，如果没有伦理学上的价值继之而起，《红楼梦》的美学价值也不会达到现在的高度。也正是因为《红楼梦》在伦理学上表达出了渴求解脱的最高理想，才真正地具备了极高的美学价值。

然而，“解脱”是否可以成为伦理学上的最高理想呢？“然自太虚中有今日之世界，自世界中有今日之人类，乃不得不有普通之道德以为人类之法则，顺之者安，逆之者危，顺之者存，逆之者亡。”王国维认为按照传统观点来考虑的话，“解脱”不可能成为伦理学上的最高理想，甚至都不符合一般的道德伦理标准。比如从传统观念的角度来看，贾宝玉就会成为“世俗所谓绝父子弃人伦不忠不孝之罪人”。

不过，王国维对于这种传统的、被普遍接受的伦理标准是否合理，是持很怀疑的态度的。他说：“使世界人生之存在，而有合理的根据，则人生中所有普通之道德，谓之绝对的道德可也。然吾人从各方面观之，则世界人生之所以存在，实由吾人类之祖先一时之谬误。”王国维将《红楼梦》第一回中的神话渊源，和《圣经》中《创世记》一篇作比较，认为人的存在本身就是祖先一时谬误即欲望的产物，所以人们普遍遵循的伦理道德标准也就不是绝对的了。因此，从这样的角度来看，贾宝玉非但不是绝父子弃人伦的大不孝之人，而且还是一个觉悟者，他只是认识到了祖先的谬误，并认识到自身同样是欲望的产物，不忍再犯与祖先相同的错误罢了。从这样的超然的角度来看待人生和伦理道德，自然会将“解脱”看作最高的理想。

解脱之人无需美学

但是话又说回来了，假如全人类都去解脱了，这世界得成什么样子？于是，王国维又从质疑者的角度给自己提出了一个问题：

然则举世界之人类而尽入于解脱之域，则所谓宇宙者不诚无物也欤？然有无之说，盖难言之矣，夫以人生之无常，而知识之不可恃，安知吾人之所谓有，非所谓真有者乎？则自其反而言之，又安知吾人之所谓无，非所谓真无者乎？即真无矣，而使吾人自空乏与满足、希望与恐怖之中出，而获永远息肩之所，不犹愈于世之所谓有者乎！然则吾入之畏无也，与小儿之畏暗黑何以异？自已解脱者观之，安知解脱之后，山川之美、日月之华，不有过于今日之世界者乎？读“飞鸟各投林”之曲，所谓“片白茫茫大地真乾净”者，有欤？无欤？

发问之后王国维又给出了回答，他说：“难者又曰：人苟无生，则宇宙间最可宝贵之美术不亦废欤？曰：美术之价值，对现在之世界而起者，非有绝对的价值也。其材料取诸人生，其理想亦视人生之缺陷逼仄，而趋于反对之方面。如此之美术，唯于如此之世界、如此之人生中，始有价值耳。”

由此，我们可以看出王国维对美学的价值限定了一个适用范围——它只对尚有缺陷的，还没有从欲望中找到解脱途径的人生才有意义和价值，文学艺术的美学价值并非绝对，而是相对的。我们会因为种种欲望，以及在欲望得不到满足时受到痛苦的折磨，假如有一个人完全不会被这样的痛苦牵绊，那么就说明这个人已经达到了解脱的境界。在这样的人物看来，我们的美学根本不值一提。又或者，有个人已经挣脱了欲望的束缚，那么对此时的他而言，原先的种种美学价值对他而言也毫无意义了。

王国维对于美学的看法我们可以这样理解，他将艺术作品在美学上的价值理解为良药，饱受欲望折磨的痛苦的我们就相当于病人，再好的良药也是给病人吃的，只有对病人才有价值，对于没病或者是已经从病中痊愈的人来说，不管多好的药都是没有必要没有价值的。

一部《红楼梦》不仅描绘了人生的欲望及其中的挣扎与痛苦，而且还激发出了人们弃欲望求解脱的勇气与信心，兼有美学与伦理学上的价值。王国维将《红楼梦》在伦理学上的最高理想归结为解脱，并从多个方面的论证中证明了自身观点的合理性，既是哲学的突破，也是红学的另类。

谈《〈红楼梦〉评论》之文艺思想：美在形式论

《〈红楼梦〉评论》是王国维在文学批评方面的代表作，开近代中国以西方文艺理论解读古典名著之先河，同时它也是“第一篇评论式小说研究论文，它打破了传统文艺批评的学术范式”。作为中国学术界第一篇运用西方文艺理论思想评价中国古典名著的经典之作，《〈红楼梦〉评论》的思想价值极高，在学术史上也有举足轻重的地位。另外，这篇文章本身在形式方面的结构艺术价值，也是值得称道的。

在西方思想和理论的影响下，《〈红楼梦〉评论》与以往文艺批评有所区别，其批评思维、批评方式、批评视角都和传统不同，分析它的结构艺术特征，有助于人们重新认识《〈红楼梦〉评论》的艺术价值。

批评思维的巨大转变

纵观整个中国文学理论批评史，我们会发现，我国的古典文论对文学作品进行评价，都是用评和点的方式。评、点的论述方式通常建立在评论者本身的随感、顿悟之上，而且，古人的文学评论多是散见于手札、序跋、评点之中，内容多半是集鉴赏和批评于一体，由内心感受出发而得到的经验性的总结，少有结构完整和体系严密的专门性论著。传统批评这种带有感悟性质的评点方式，虽然也可以为读者带来丰富多样的艺术启迪，然而这种批评方式最大的弱点就是缺少逻辑分析与推理，所以通常无法理性把握批评对象和与其相关的要素之间的关系，于是这样的“批评就带有一种强烈的主观色彩，也只能局限于经验技艺的水平层次，难以实现由直觉感悟向系统的理论层次的转变。”而《〈红楼梦〉评论》并没有采用中国传统的文学批评思维，而是在学习借鉴西方美学的基础上，以极强的逻辑与思辨的来对《红楼梦》进行分析，并由此形成了一个清晰的结构和严密的框架体系，这在中国文学批评史上是极具开拓性的创新。

《〈红楼梦〉评论》开篇引用老庄思想表达了对于人生忧患色彩的认识，这一方面为整个文章奠定了感情基调，同时也为下文所要论述的人生本质、艺术本质和悲剧等问题做了有力的铺垫。第一章是《人生及美术之概观》，这章主要对人生和艺术的本质进行了阐述和论证，为后面的内容做了一个先导。第二章《〈红楼梦〉之精神》根据前一章所提出的人生和艺术的本质问题，引出《红楼梦》是“提出此问题，又解决之者也”，继而又论述了《红楼梦》所体现的人生和艺术的本质精神。第三章《〈红楼梦〉之美学上之精神》先提出《红楼梦》是一部“彻头彻尾之悲剧也”，然后借用叔本华对悲剧的分类，来对《红楼梦》进行具体的分析、评价，得出《红楼梦》是悲剧中的悲剧，后又用亚里士多德的悲剧价值的理论来对《红楼梦》的美学价值进行论述。在第四章《〈红楼梦〉之伦理学上之价值》中，王国维从世俗的伦理价值和普世的伦理价值两个方面，辩证地对《红楼梦》的伦理学价值进行了深入而细致的论述。最后的余论部分，主要是针对红学研究中“考证派”“索引派”中存在的问题进行批判分析，并提出自己的观点和看法。

《〈红楼梦〉评论》有着清晰的理论框架体系，使得整篇文章显得格外的严密并富有层次感，是富有逻辑的，更是艺术的。在王国维之前，历代的大部分文艺理论批评家，还没有能这样完整而严地构建起一个评价体系，可以将哲学、美学、伦理学以及文学整合起来，并对中国古典文学进行深层次批评的。可以说，这是王国维的独创。

科学理性的批评方式

自古以来，我国的文学评论主要以评和点作为批评方式，但是这种感悟和体验性的批评方式缺乏体系，难以很好地建立起全面、系统的批评理论，这对中国文学理论批评思维方式的创新产生了极大的限制。近代的一些学者发觉传统文学批评方式存在着严重的缺陷，开始大力倡导注重推理和演绎的现代批评方式。于是一股借用西方美学、哲学理念从事文学批评的风潮在中国兴起，王国维便是其中的践行者之一。

西方文论的批评思维大多具有强烈的思辨色彩，逻辑结构也颇具整体性，在批评方式上注重缜密、系统性归纳演绎，亚里士多德的《诗学》就是其中的典范。王国维学贯中西，西方美学的思维模式对他产生了深远影响，他把这样的美学思想娴熟地将其运用到《〈红楼梦〉评论》的论述和写作中。

王国维首先论述了人生以及艺术的本质，而后由此引出了《红楼梦》所蕴含的人生和艺术本质精神，接着说明《红楼梦》的美学价值就在于这是一部悲剧，而之所以成为悲剧，又源自它本身体现出来的精神本质。对此，王国维援引叔本华和亚里士多德的悲剧理论来作详细的论证。后又将《红楼梦》的伦理学方面的价值又结合了美学价值来论述，形成了一个缜密的逻辑体系。最后又立足于文学，并借助美学和伦理学的观念来批判以往的红学研究。

就整个《〈红楼梦〉评论》而言，贯穿其整个体系的中心即“生活之本质？欲而已矣”，这既是全文的感情基调，也是整篇文章的理论基点。王国维对人生欲望和痛苦本质有着深刻的认识，并由此形成了对《红楼梦》悲剧本质的认识，整篇文章层层深入、环环相扣，极尽演绎推理之能事。

美术与人本的批评角度

长久以来，中国始终秉承着儒家温柔敦厚的诗学观念，文人信奉原道、征圣、宗经的文学本质，于是文学沦为政治统治和人伦教化的工具和载体，所以，我国古代文学评论主要是从“文以载道”的角度，来对文学作品的内在意蕴以及社会功能进行评价。这些文学批评将文学与政治制度、伦理思想等结合，形成了如“思无邪”“文道合一”“诗言志”的基本批评观念。但是，这种以道释文、以文载道的文学批评观，极大地忽视了人作为一个独立个体本身的特征，束缚了人的才能、个性和思维。

然而在西方，从遥远的古希腊开始，始终对人本化的哲学思想十分重视，这样的思想随着历史的发展又不断被赋予新的解释和内涵，所以在西方文论中有着深厚的人本化的内涵，特别注重提倡个人的自由发展和精神解放。中国古代文论中也有人本化的内容，但却在很大程度上成为了政治的附庸和工具，失去了自己的个性。

到了近代，随着西方哲学思想的迅速传入，中西文化激烈地碰撞与交汇，人本主义的思想逐渐在中国学人的心中生根发芽，而且王国维此时深受叔本华和康德“审美无功利”学说的影响，非常赞同“纯粹美术”的审美观念，认为应当重视艺术本身的价值。“审美无功利”“审美无利害”才是艺术最根本的特性，也是之所以能给人美感和快乐的根本原因。

《〈红楼梦〉评论》对批评视角的转变与革新，使这篇文章成为完整的现代意义上的纯美术论，堪称中国近代文学评论现代转换的显著标志。

因为富于思辨性的逻辑思维、科学性的批评方式、人本化和无功利的批评视角,《〈红楼梦〉评论》有了独特的艺术结构。这些新的特质，令《〈红楼梦〉评论》成为首开先河的近代文学理论批评著作，也开创了现代文学批评的新局面。

谈“艺术美的社会功用说”：艺术之美与自然之美

自 1904 年王国维的《〈红楼梦〉评论》发表以来，便有了很多的研究者，亦有诸多的见解，总而言之，主要达成了以下 4 个方面的共识：

第一，《〈红楼梦〉评论》是我国文学批评史上第一篇运用西方哲学、美学的观点和方法研究我国文学作品的批评专著，构建了一个严谨缜密的批评体系。

第二，尝试用叔本华的哲学观点来解读《红楼梦》的精神，但将《红楼梦》当作叔本华哲学观念的图解和佐证，有牵强生硬之嫌。

第三，这篇文章敏锐地指出了《红楼梦》的美学价值，并给予了极高的评价，称其为“悲剧中之悲剧”，具备了中国传统文学中所从未有过的悲剧精神。

第四，为新红学的研究指出了一条新的道路。

除了这些认识，《〈红楼梦〉评论》还有其他价值。

艺术之美高于自然之美

王国维在评《红楼梦》时多次反复地提到“忧患”，忧患的思想是西方哲学与我国传统思想都有的。人们对人生忧患与劳苦的思索由来已久。

王国维在文章开篇就以老庄二人之语引出自己的观点，是有着丰厚的内涵的。他将老子的“患”理解为“忧患”，将庄子的“劳”解读为“劳苦”，是与“生命”相生相依分割不开的。人一旦有了生命的意识，就会想方设法获取维持生活的基本物质，如饮、食、衣、住等，继而又会产生婚姻嫁娶、繁衍后代的欲望，然后逐渐建立起群体、国家。人类努力生活，始终与忧患劳苦相伴，这样的生活本质是什么？王国维给出了自己对人类生命本质的答案：“生活之本质何？欲而已矣。”

作为学贯中西的一代国学大师，王国维发现，老庄哲学与叔本华哲学在某些方面是有相通之处。老子说“及吾无身，吾有何患”主张去私弃欲，不能对世俗功利看得太重，强调轻荣辱，淡名利，自然无患；庄子亦主张突破“小我”，看淡生死，不因哀乐而伤己身，不为情所累为物所牵；叔本华则强调克制欲望。老子、庄子、叔本华哲学观念的共同点，是去私欲、轻荣辱、淡生死、求超脱，王国维撷取叔本华思想融以老庄之说，作为自己立论的哲学基础和出发点。

王国维又说：“苟吾人而能忘物与我之关系而观物，则夫自然界之山明水媚，鸟飞花落，固无往而非华胥之国，极乐之上也。”华胥之国是传说中自由平等、安乐平和的乐土，是一个使人神游其中而怡然自得的理想之境。人类所有的知识与实践，都是与欲望和痛苦相关的。既与人没有利害关系，又能使人超然于现实利害关系之外的，就只有艺术了。

艺术能令人在困顿无助的状态境下看到希望的曙光，在动荡中感受到平和的抚慰。自然虽美，但仍无法使人去私忘欲，超然物外。因为自然万物，都与人类有着或直接或间接的利害关系，人在观物时无法忘却物我关系，因此达不到审美境界。

王国维在这里想表达的是：自然美是有局限的，因为它会牵涉到人类生活的种种现实因素，已经社会化、世俗化了，因此不可避免地会染上功利化的色彩。华胥之国的理想境界与现实是差别很大的，一般人做不到摆脱了世俗功利之心来看待自然与社会，而天才的艺术家能将自己对自然、人生的感受用艺术作品表达出来，使普通人能借助艺术作品之“隔”，通过欣赏艺术而超然于利害之外。

壮美之美

王国维得出结论：“艺术之美所以优于自然之美者，全存于使人易忘物我之关系也。”意思是说，艺术之美能使人沉浸在纯粹的审美境界之中，以致忘记自我，抛却生活欲念和现实功利。这是王国维一个重要的艺术观念——重视艺术作品的审美功用。按照我国传统的文艺观，大多是把社会功用看作文艺作品的唯一目的，而王国维的纯粹艺术论，以能使人摆脱欲望禁锢为艺术的最高境界，在某种程度上有“还原”艺术本质的用意。艺术之美是丰富多样的，王国维说：

而美之为物有二种：一曰优美，一曰壮美。苟一物焉，与吾人无利害之关系，而吾人之观之也，不观其关系，而但观其物，或吾人之心中，无丝毫之无所欲存，而其观物也，不视为与我有关系之物，而但视为外物，则今之所观者，非昔之所观者也。此时吾心宁静之状态，名之曰优美之情，而谓此物曰优美。若此物大不利于吾人，而吾人生活之意志为之破裂，因之意志遁去，而知力得为独立之作用，以深观其物，吾人谓此物曰壮美，而谓其感情曰壮美之情。普通之美，皆属前种。至于地狱变相之图，决斗垂死之像，庐江小吏之诗，雁门尚书之曲，其人故氓庶之所共怜，其遇虽戾夫为之流涕，讵有子颓乐祸之心，宁无尼父反袂之戚，而吾人观之不厌。

亦如歌德所说："凡人生中足以使人悲者，于美术中，则吾人乐而观之。"王国维在此基础上进一步表明了自己的艺术观，他将艺术美分为两种类型，即优美和壮美。优美能使人心境趋于宁静，一般的艺术美都属此类；壮美之境则能使人生活的意志为之破裂，激发出心底的悲悯之情，"地狱变相之图，决斗垂死之像，庐江小吏之诗，雁门尚书之曲"则属于这一境界。

吴道子画地狱变相之图，尽管没有刻画地狱中的刀锯油锅等酷刑，然在表现捉拿恶人的鬼神时，着力渲染了"惧罪修善"的气氛。萧照所画长卷《中兴瑞应图》表达的是决斗垂死的惨烈，亦令观者心生敬畏。庐江小吏之诗即《孔雀东南飞》，男女主人公一自挂东南枝，一举身赴清池，同样是悲壮的例子。雁门尚书之曲，颂扬了明末兵部侍郎孙传庭的故事，孙传庭为了镇压叛乱慷慨赴死，作者以"蚁聚蜂屯已入城，持矛瞋目呼狂贼。战马嘶鸣失主归，横尸撑距无能识。乌鸢啄肉北风寒，寡鹄孤鸾不忍看。愿逐相公忠义死，一门恨血土花斑"之语，将主人公之死渲染得悲凄之至。这些诗画所表现的内容，放在现实生活中，或使人怜悯，或使人畏惧，或使人痛苦，可表现在艺术世界中却带给人们审美的快乐，这正是因为审美者超然于所观照的对象和利害之外，而全然臻于"纯粹"的审美境界。《红楼梦》的悲剧之美亦是如此。

谈创作：
《红楼梦》必本于作者之经验

在古代，写小说是不入流的事情，于是很多人不愿留下真名，所以古典名著中作者成迷的现象并不罕见。关于《红楼梦》作者的身份也有各种说法，迄今为止还没有定论，但其中影响最大的是“曹雪芹说”。《红楼梦》一书并未明言作者是谁，只说曹雪芹“批阅十载，增删五次，纂成目录，分出章回”。后来胡适考订曹雪芹是《红楼梦》的作者，从此以后，这个说法便被广泛采用，似乎成了定论。不过王国维在《〈红楼梦〉评论》中又提到了一个人——纳兰容若，他又是如何与《红楼梦》扯上关系的呢？

此盖为明珠家事作也

按照当下的“红学”的主流观点，《红楼梦》的作者曹雪芹是清代康熙年间江宁织造曹寅的孙子，此书就是被艺术化的曹氏家族兴衰史，而贾宝玉就是曹雪芹自己。然而第一位“红学家”乾隆皇帝却不是这样看的。《红楼梦》一书是由和珅进呈给乾隆皇帝的，乾隆读后说：“此盖为明珠家事作也。”那么，对于这个问题王国维又是怎么看的呢？

自我朝考证之学盛行，而读小说者亦以考证之眼读之，于是评《红楼梦》者，纷然索此书之主人公之为谁，此又甚不可解者也。夫美术之所写者，非个人之性质，而人类全体之性质也。惟美术之特质，贵具体而不贵抽象，于是举人类全体之性质，置诸个人之名字之下。譬诸副墨之子、洛诵之孙，亦随吾人之所好名之而已。善于观物者，能就个人之事实而发见人类全体之性质。今对人类之全体而必规规焉求个人以实之，人之知力相越岂不远哉？故《红楼梦》之主人公，谓之贾宝玉可，谓之子虚乌有先生可，即谓之纳兰容若、谓之曹雪芹亦无不可也。

纳兰明珠是康熙时候的重臣，在平定三藩之时，因赞襄军政之力而受到康熙皇帝的赏识，后官至大学士，家里可谓是金玉山积，正是一幅连府通街的世家气象。其子纳兰容若，极富文采，为后世留下了许多脍炙人口的作品。于是也有不少人认为，贾宝玉便是纳兰容若以自己为原型来塑造的。其中一条证据就是，纳兰容若的《饮水集》与《红楼梦》之间有文字上的关联，这一点王国维也提到了，但他认为“诗人与小说家之用语其偶合者固不少，苟执此例以求《红楼梦》之主人公，吾恐其可以傅合者断不止容若一人而已”。

王朝的风云变幻深深影响着纳兰家族的命，其家族内部的矛盾发展，家势的兴衰炎凉，同样浓缩地反映了王朝的兴衰。纳兰明珠与当时的很多封建官吏一样，随着权势渐重，也重蹈把持朝政、假公济私、贪污受贿的覆辙，终被御史参劾，受到了撤职抄家的惩罚。不过纳兰容若早亡，他去世时明珠还是朝廷倚重的重臣，没看见纳兰家抄家后的惨状，所以若说《红楼梦》是纳兰容若写的自家的故事，似乎也不对。

美术之源出于先天抑由于经验

对于《红楼梦》的考证，到王国维时也算历史悠久了。《红楼梦》究竟是何人所写，又写的是哪家的事，红学界始终没有定论，至今仍有很多人将精力放在对曹寅家和纳兰明珠家的研究上。王国维认为，艺术的灵感很多时候的确源于创作者的亲身经历，但更多还是得益于周遭的讯息。“如谓书中种种境遇种种人物非局中人不能道，则是《水浒传》之作者必为大盗，《三国演义》之作者必为兵家，此又大不然之说也。”所以艺术既是先天的，也是后天的。

说到这里，王国维又援引叔本华的理论，来说明自己的观点。他说：

希腊人之发见人类之美之理想也由于经验，即集合种种美丽之部分，而于此发见一膝，于彼发见一臂。此大谬之说也。不幸而此说又蔓延于诗歌中。即以狄斯丕尔言之，谓其戏剧中所描写之种种之人物，乃其一生之经验中所观察者，而极其全力以模写之者也。然诗人由人性之预想而作戏曲小说，与美术家之中美之预想而作绘画及雕刻无以异，唯两者于其创造之途中必须有经验以为之补助夫然，故其先天中所已知者，得唤起而入于明晰之意识而后表出之，事乃可得而能也。

由此可见，《红楼梦》中的各种人物、种种境遇，必定源自作者的经验，但未必是作者的亲身经历。

王国维虽评论《红楼梦》，但对于当时红学界的主要研究方向并不怎么感兴趣，也不打算作出自己的猜想，他说：“苟知美术之大有造于人生，而《红楼梦》自足为我国美术上之唯一大著述，则其作者之姓名与其著书之年月，固当为唯一考证之题目，而我国人之所聚讼者，乃不在此而在彼，此足以见吾国人之对此书之兴味之所在，自在彼而不在此也，故为破其惑如此。”王国维这种完全区别于传统小说点评的“文学与美术”评论，无疑是其深厚西学功底的展现。

第五章

补三朝之志所不敢言

——读王国维《宋元戏曲考》

《宋元戏曲考》于 1913 年成书，1915 年商务印书馆初版时更名《宋元戏曲史》，是我国第一部关于戏曲历史的书籍。没有审美便没有艺术，没有审美便不会有戏曲的诞生。我国戏曲作为一个独立的艺术门类，大约在宋代就已经正式形成。然而，直到杂剧大繁荣的元代，人们对戏曲审美特性的认识，依然是相当简单粗陋的。时至今日，人们终于对这种艺术形式的根本性质和审美特性有了较为客观的认识。

谈上古至五代之戏剧：当自巫、优二者出

1913 年 4 月 1 日，商务印书馆《东方杂志》第九卷第十号出版了，“宋元戏曲考”几个字豁然出现在封面的“本号要目”上。王国维振臂一呼，“百万的后学”紧紧跟随，戏曲研究终于从登不得大雅之堂的“小道”“末技”，成长为一门显学。我国的戏曲研究虽然“大器晚成”，但戏曲发展却是源远流长，可追溯到先秦乃至更遥远的原始社会。在劳动之余，先民会进行自娱性的歌舞，后来慢慢发展出祭祀的“巫”和为统治阶级提供娱乐的“优”，最后终于发展成今天的戏剧。

先秦之巫

王国维提出中国戏剧源于巫觋的时候，起初只是一个大胆的假设，所以他小心翼翼地说：“歌舞之兴，其始于古之巫乎？”然后展开理性的求证。他举出上古巫风盛行的书证，并剖析了巫觋和歌舞、戏剧之间的关系。

王国维首先论证了巫和舞的关系，他说：“巫之事神，必用歌舞。《说文解字》：‘巫，祝也。女能事无形以舞降神者也。象人两袖舞形，与工同意。’故《商书》言：‘恒舞于宫，酣歌于室，时谓巫风。’……是古代之巫，实以歌舞为职，以乐神人者也。”也就是说，在王国维看来，上古的巫觋就是以歌舞降神的人，早期的歌舞与巫术其实是一体的，后

来歌舞才从宗教仪式中分化出去，承担起娱人的功能。

陈寅恪在《王静安先生遗书序》中总结了王国维的治学方法，他认为《宋元戏曲考》是“取外来之观念与固有之材料相互参证”。王国维对于我国戏剧起源于先秦之巫的推论，可以说是具备深厚国际学术背景的。

19世纪末20世纪初，文化人类学这个新兴学科在欧美诞生。这门学科最主要的特点，就是采用田野调查的方法，深入远离现代文明的未开化的民族或部落进行实地调查，以此了解人类社会的发展。经过几十年的辛勤耕耘，学者们取得了丰硕的成果。不同见解不同流派的各种著作先后问世，大家在对巫术和艺术的关系方面，认识相当一致，即人类早期的艺术和巫术是混沌一体的。王国维对中国戏剧的研究，正是在这样的国际学术背景下进行的。

《宋元戏曲考》援引《汉书·地理志》并进行分析，说：

《汉书·地理志》言：“陈太姬妇人尊贵，好祭祀，用史巫，故其俗巫鬼。《陈诗》曰：‘坎其击鼓，宛邱之下，无冬无夏，治其鹭羽。’又曰：‘东门之枌，宛邱之栩，子仲之子，婆娑其下。’此其风也。”郑氏《诗谱》亦云。是古代之巫，实以歌舞为职，以乐神人者也。商人好鬼，故伊尹独有巫风之戒。及周公制礼，礼秩百神，而定其祀典。官有常职，礼有常数，乐有常节，古之巫风稍杀。然其余习，犹有存者：方相氏之驱疫也，大蜡之索万物也，皆是物也。故子贡观于蜡，而曰一国之人皆若狂，孔子告以张而不弛，文武不能。后人以八蜡为三代之戏礼（《东坡志林》），非过言也。

文中这些婆娑起舞的女子都是以舞娱神的女巫，这些女巫或手中挥舞着鹭鸟羽毛做成的旗子，或将鹭羽插在地上做装饰，可见歌舞起源于巫术，古代倡优戏剧歌舞，全都源于巫术。

从巫到优

上文所说的“后人以八蜡为三代之戏礼”，出自苏轼的《东坡林志》：“八蜡，三代之戏礼也，岁终聚戏，此人情之所不免也，因附以礼义，亦曰不徒戏而已矣。‘祭必有尸’，无尸曰奠，‘始死之奠’与‘释奠’是也。今蜡谓之‘祭’，盖有尸也。猫、虎之尸，谁当为之？置鹿与女，谁当为之？非倡优而谁！‘葛带榛杖’，以丧老物；黄冠草笠，以尊野服，皆戏之道也。”

依照《礼记·郊特牲》的记载，每年十二月周天子要举行蜡祭，主祭者不仅要“葛带榛杖”还要头戴草笠。按苏轼的说法，这就是“戏之道”。不仅如此，为天子掌管鸟兽的“大罗氏”还要招来“鹿与女”，把它们当作客人予以诏告。苏轼推测，既然“祭必有尸”，猫、虎、鹿、女是动物或者是人，那么在祭祀时谁来做“尸”呢？一定是倡优。尸的本义是陈列，这里被陈列的则是祭祀时扮演死者受祭的人。在金文中，“尸”字就像一个屈膝的人，因形似卧倒的尸体，后来就用作尸体的尸。后来，随着尸祭制度渐渐消失，尸的本义也就被人遗忘了。苏轼能够意识到戏剧与祭祀的关系，提出“戏礼”和“戏之道”的概念，是非常了不起的，但苏轼推断扮演猫虎之尸者为“倡优”是不准确的。按照王国维的推断，“尸”其实就是巫，“巫觋之兴，虽在上皇之世，然俳优远在其后”。

那么，戏剧表演是如何与宗教活动分离的呢？西方学者以古希腊为例，原本需要大家一起参与的祭祀活动，由于观众的出现，大部分人都成了旁观者，只由另一小部分人表演，于是祭祀演变成了戏剧。《宋元戏曲考》指出，尸在祭祀仪式中是由巫来扮演的，然而扮演尸的并不一定都是职业的巫。

据《公羊传·宣公三年》何休注：若神主为天子，则以卿为尸；神主为诸侯，以大夫为尸；卿大夫以下以孙为尸。以此看来，扮演尸的人绝大部分应当是“孙”，也就是男童。《周礼·春官·守祧》则说：“若将祭祀，则各以其服授尸。”郑玄注云：“尸当服卒者之上服，以象生时。”意思是说，尸的扮演者在祭祀时要穿上死者的服装，以代表死者的神灵接受祭祀。但走下祭坛后，尸的扮演者换上普通的服饰，就不具备祭祀时的神圣性了。可见，尸的扮演有暂时性、假定性、表演性、可转换性等特点，与戏剧角色扮演十分相似。

从巫术到戏剧似乎只是很小的区别，过程却是非常漫长的。有人说，“我们无法假想，从巫师傩神的狂魔乱舞中可以产生一个高雅端庄的梅兰芳”，不过这样的戏剧起源说，的确是最具说服力，生命力也最长久的一种。

谈宋之滑稽戏：托故事以讽时事

在探寻中国戏剧起源时，王国维不仅发现了巫，也找到了优。“巫与优之别：巫以乐神，而优以乐人；巫以歌舞为主，而优以调谑为主；巫为女为之，而优以男为之。”从王国维的描述中我们可以得出这样的信息：巫的目的是娱乐神，优的目的是娱乐人；巫的娱乐手段多为歌舞，优的娱乐手段多为戏谑调笑。从某种意义上来说，优可以算是最早的戏剧演员。

从“优孟衣冠”开始的戏剧表演

优善于模仿别人的言行举止，巧言善辩，常能在谈笑戏谑间发挥讽谏的作用。《史记·滑稽列传》中记载了一个叫优孟的杂戏的艺人的故事。

楚庄王有一匹心爱的马死了，楚庄王非常伤心，命令大臣为死马治丧，并按大夫的葬礼规格进行安葬。众臣觉得不妥，纷纷劝谏。庄王大怒，说：“如果再有人胆敢为葬马的事情进谏，立刻处死！”结果优孟依靠自己的巧言，不但没触怒庄王，还令庄王认识到了自己的错误。

楚国宰相孙叔敖深知优孟是位贤人，十分礼遇他。孙叔敖虽身居高位，但一生清廉，所以没有留下多少家产，所以在临终前嘱咐儿子：“我死了以后，你没有依靠，说不定会贫困，如果那样的话，你就去见优孟吧，告诉他你是孙叔敖的儿子，他会帮你的。”果然如孙叔敖所料，他的儿子没过几年就穷困潦倒，只能依靠给人背柴度日。有一天，他遇到了优孟，就说：“我是孙叔敖的儿子，父亲去世前，嘱咐我贫困的时候就来见您。”优孟花了一年的时间，学着模仿孙叔敖的动作、神韵，达到了惟妙惟肖的程度。

一日，庄王设宴，优孟穿戴上孙叔敖的衣冠，上前敬酒，神态和孙叔敖一模一样。庄王以为孙叔敖复生，让他做宰相。孟以孙叔敖的儿子生活潦倒为辞，并趁机对庄王进行规劝。庄王认识到自己对故臣遗属照顾不周，于是召见孙叔敖的儿子，赐以封地与奴仆，使孙家的生活有了改善。

优孟对孙叔敖的模仿，以及向楚庄王谏言，都是按照自己的设计来做的，完全是扮演人物的有情节的表演，所以许多后世学者将“优孟衣冠”列为戏剧艺术表演的萌芽之一。

划破深沉历史的笑声

优的表演随着时代发展日趋成熟，后来出现了优人嘲讽犯官的表演形式，进而产生了中古时期重要的表演形式——参军戏。到了宋金杂剧的阶段，优人的插科打诨就更加丰富了。

王国维先生在其《宋元戏曲考》中指出，“宋时滑稽戏尤盛”，又说“宋时所谓杂剧，其初殆专指滑稽戏言之”。可见，滑稽戏在宋代的戏曲艺术中占有重要位置。

滑稽的最大魅力在于讽刺，而讽刺的力量无非来自两处，或针砭流行观念之乖谬，或揭示强权人物之过失，从而令人产生解气之快感，获得一种心理上的释放。

宋徽宗时，童贯伐辽不力，在前线打了败仗，狼狈逃回。某日，宫中设宴，教坊演杂剧。只见几个婢女走上台来，发髻各不相同。第一个女子头上只梳了一个发髻，自称“蔡太师家的”，时任太师的蔡京每天都要见皇上，所以梳了个“朝天髻”。第二位女子梳了个偏在一边的“懒梳髻”，自称“郑太宰家的”，郑太宰因为母亲去世，回乡守孝，不问朝政，所以她就梳了这样的发型。第三个女子头上梳满发髻，自称是“童大王家的”，“大王方用兵，此三十六髻也。”以“三十六计（髻），走为上计”的典故，讽刺了童贯拥兵二十万却大败而逃的事实。

秦桧作为曾一手遮天的权臣，也被优人讽刺过。宋高宗时，临安省试，秦桧之子秦熺，侄子秦昌时、秦昌龄三人皆中，其他学子心有不满，却敢怒不敢言。第二年省试前，坊间上演了一出新剧。几个演员扮作士人，聚在一起推测今年主考人选。甲说，主考官定是彭越。乙说，朝中好像没有叫这个名字的大人呀。甲说，自己所说乃是汉代的梁王彭越。乙质疑甲说，彭越死了千年，不可能来做主考官。甲反问，韩信能当去年的主考官，彭越和韩信是同一个朝代的，怎么他就来不得呢？众学子对甲的胡言乱语嗤之以鼻，甲的再次回答却令人不得不服，他说：“若不是韩信，去年又如何取得三秦？”乃是以汉朝名将韩信掠取三秦之地，暗讽上一年秦桧子侄三人全部榜上有名的蹊跷。

宋代滑稽戏不仅讽权臣，还能斥时弊。宋徽宗在位时，蔡京主持改革币值，不顾百姓生活实际，发行以一当十的大额钱币，给人民生活带来诸多不便。于是优人们以此为题，给皇帝编了出戏看。一个艺人扮作卖豆浆的小贩，一个小钱一碗。一位顾客来了，喝了一碗豆浆后，拿出新发的大钱结账。小贩自称刚出来，找不开九个小钱，只好请客人再多喝几碗。顾客没办法，只好继续喝，喝到第五碗时实在喝不下去了，说道:“只是以一当十就这么麻烦，要是将来相爷再发行以一当百的大钱，我们老百姓可怎么办呢?”宋徽宗被这出戏深深打动，很快下令停发当十钱。

滑稽戏在宋代十分盛行，宫廷内宴、官员私宴、瓦舍戏场都有这样的表演，南宋时甚至产生了“台官不如伶官”的说法,《宋元戏曲考》中汇集了不少的相关材料，让我们可以通过文字感受到宋代戏剧的独特魅力。

谈宋之小说杂戏：以演事实为主

王国维说："宋之滑稽戏，虽托故事以讽时事，然不以演事实为主，而以所含之意义为主。至其变为演事实之戏剧，则当时之小说，实有力焉。"古代所说的小说，与我们现在的小说意义有所不同。"小说"一词最早出现于《庄子·外物》，"饰小说以干县令，其于大达亦远矣。"庄子所谓的"小说"，显然与我们现在的小说概念完全不同，而是指琐碎的言论。直到东汉，小说才有了与现代相近的含义。桓谭《新论》说："小说家合残丛小语，近取譬喻，以作短书，治身理家，有可观之辞。"班固的《汉书·艺文志》将"小说家"定义为"小说家者流，盖出于稗官，街谈巷语，道听途说之所造也"。

无关史事者

王国维认为，"宋之小说，则不以著述为事，而以讲演为事"。《武林旧事》中记载，各种伎艺人中，有说书会的、有演史的、有说诨经的、有小说的。宋人的书中有很多关于讲三国的记载。

高承《事物纪原》（卷九）："仁宗时，市人有能谈三国事者，或采其说，加缘饰作影人。"《东坡志林》（卷六）："王彭尝云：'涂巷中小儿薄劣，为其家所厌苦，辄与钱，令聚坐，听说古话，至说三国事。'"

王国维将这一类的内容归为演史，认为小说应当是"无关史事者"。

《梦粱录》说：“小说名银字儿，如烟粉、灵怪、传奇、公案、朴刀、杆棒、发发、踪参等事。”这些说话的体例与演史基本相同，以叙事为主，与以历史故事为基础演绎的作品大有区别，当时的小说代表王国维首推《大宋宣和遗事》。宣和是宋徽宗的最后一个年号，该书从细数历代帝王荒淫误国开始，一直写到宋高宗南渡定都临安。书中穿插了北宋年间奸臣把持朝政，导致生灵涂炭的故事，而另一方面也写了众英雄梁山聚义作为对比。这本书后来成为了《水浒传》的蓝本。

小说与戏曲的发展基本平行，后世诸多的戏剧题目都源于小说，戏剧结构亦多依仿小说为之。因此，我们可以得出结论，小说的繁荣，大大促进了戏剧的发展。

小说的发展与传播

志怪、传奇小说在唐代和以前，大多数情况下是被归为杂史杂传，虽然这些作品强调补史、劝惩等功能，但于当时的人来说，这种艺术形式依然登不上大雅之堂。“小说”在古代被视为“小道”，小说的文学价值没有在理论上得到肯定。

从宋代开始，小说逐渐形成了文言小说与白话小说两种不同的系统，呈现各自不同的艺术特色。文言小说起源于先秦的街谈巷语，经历了从魏晋南北朝到隋唐的长期发展，不管题材还是表现技巧，文言小说都有了长足的进步，形成笔记与传奇两种小说类型。白话小说则脱胎自唐宋时期说话人的话本，故事取材民间，主要表现了百姓的生活和思想。

小说古已有之，那么，为何会在宋代突然有了大发展呢？印刷技术产生之前，小说书籍要靠抄写来传播，所以不可能大量复制。宋代以后，商业有了飞速发展，有了商业的介入和印刷术的进步与广泛应用，书面传播不再局限于过去的借阅传抄，宽松的文教政策为娱乐业的发展带来了契机，娱乐场所的增多使口头传播更为便捷。

宋代百戏由周秦散乐发展而来，与汉、魏百戏一脉相承，种类非常多。宋代的都城里聚集了众多艺人各显其能，仅服务于官府者就有数百人，各种演出丰富多彩。官府对艺人们的管理比较宽松，有演出任务时，才把艺人们召集到一起，没有演出时大家就散居各处。这些民间的杂戏艺人，虽仍受左右军管辖，但自由度极大，承应官府的演出之余，也可在外面作场赚钱，以补充生活来源之不足，这样一来自然要贴近普通百姓的审美。

刘斧的《青琐高议》是北宋出现最早，且篇幅最大的一本以辑录宋人作品为主的小说选集，而且刘斧的辑录大多并非简单地抄录，而是以前人的作品当作素材而重加修饰、增删而成的，在选取内容方面带有明显的俗化倾向，对男女私情和财富极为关注，并大量使用口语词汇。所以，《青琐高议》招来了一些正统文人的批评，与此同时，也受到了更多普通读者的注意与欢迎。据南宋洪迈的《夷坚三志已》卷二《程喜真非人》记载："新淦人王生，虽为闾阎庶人，而稍知书。最喜观《灵怪集》《青琐高议》《神异志》等书。"因为《青琐高议》较为通俗，所以便被一些说话人当作蓝本，在酒楼茶馆、瓦舍勾栏表演。

以《青琐高议》为代表的一些通俗小说，为话本的创作提供了大量素材，而且在形式上也给了说书人以启发，成为说书人模仿借鉴的范本。宋元说话的繁荣，及其他表演形式的日趋成熟，小说选本起到了不可低估的作用。

谈宋之乐曲：词与歌舞

在介绍了宋代的滑稽戏以及小说杂戏的发展后，戏剧发展的渊源便基本有了头绪。随后王国维又说："后代之戏剧，必合言语、动作、歌唱，以演一故事，而后戏剧之意义始全。故真戏剧必与戏曲相表里。然则戏曲之为物，果如何发达乎？此不可不先研究宋代之乐曲也。"既然说到宋代的乐曲，就不得不再次回到词的话题。

宋代乐歌曲中最为大家广泛了解的就是词，也叫近体乐府，亦谓之长短句。词这种文学形式诞生于唐代中叶，到了晚唐、五代，从事词这种文学创作的人渐渐多了起来，宋代时倚声填词的水平达到巅峰。王国维最为欣赏的词人包括李煜、苏轼、秦观等。

传踏的发展

"宋人宴集，无不歌以侑觞"，通常来说是只歌不舞的，歌舞相兼的，则被称为传踏，也叫转踏、传达、缠达。

传踏这种歌舞形式，源于艺人在演出开始前所作的致语，传即传颂，踏则是踏歌。后来文人宴饮省略掉了致语的环节，王国维解释说，"北宋之转踏，恒以一曲连续歌之。每一首咏一事，共若干首则咏若干事。然亦有合若干首而咏一事者"。在转踏只歌不舞的时候，又称为"转达"。当传踏的勾队词和放队词演变为引子和尾声时，则称为"缠达"。

对“传踏”的记载，最早见于南宋王灼所著的词曲评论笔记《碧鸡漫志》:“世有般涉调拂霓裳曲，因石曼卿取作传踏，述开元天宝旧事。曼卿云，本是月宫之音，翻作人间之曲。近夔帅曾端伯，增损其辞，为勾遣队口号，亦云开宝遗音。”

剑舞

在介绍何为传踏之后，王国维又说:“宋时舞曲，尚有曲破。《宋史·乐志》:‘太宗洞晓音律，制曲破二十九。’此在唐五代已有之，至宋时又藉以演故事。史浩《鄮峰真隐漫录》之《剑舞》即是也。”

剑舞历史悠久，汉唐时期最为流行，通常为四人舞，到了宋代则发展为宫廷队舞，按大曲形式演、奏，即有勾念、自念、对答、歌舞等，演者轮流出场，并有“鸿门宴”、公孙大娘舞剑、张旭草书大进等简单的故事情节。大曲中的歌词，有《剑器曲破》和《霜天晓角》两种。

王国维辑录剑舞演出描述如下：

二舞者对厅立裀上，（下略）乐部唱《剑器曲破》，作舞一段了。二舞者同唱《霜天晓角》。

莹莹巨阙，左右凝霜雪；且向玉阶掀舞，终当有用时节。唱彻，人尽说，宝此刚不折，内使奸雄落胆，外须遣豺狼灭。

乐部唱曲子，作舞《剑器曲破》一段。舞罢，二人分立两边。别二人汉装者出，对坐。桌上设酒桌。竹竿子念：

“伏以断蛇大泽，逐鹿中原，佩赤帝之真符，接苍姬之正统。皇威既振，天命有归，量势虽盛于重瞳，度德难胜于隆准。鸿门设会，亚父输谋，徒矜起舞之雄姿，厥有解纷之壮士。想当时之贾勇，激烈飞扬；

宜后世之效颦，回翔宛转。双弯奏技，四座腾欢。”

乐部唱曲子，舞《剑器曲破》一段。一人左立者，上裀舞，有欲刺右汉装者之势，又一人舞进前，翼蔽之。舞罢，两舞者并退。汉装者亦退。复有两人唐装者出，对坐，桌上设笔砚纸，舞者一人换妇人装，立裀上。竹竿子念：

“伏以云鬟耸苍壁，雾縠罩香肌，袖翻紫电以连轩，手握青蛇而的皪，花影下游龙自跃，锦裀上跄凤来仪，逸态横生，瑰姿谲起。领此入神之技，诚为骇目之观，巴女心惊，燕姬色沮。岂唯张长史草书大进，抑亦杜工部丽句新成。称妙一时，流芳万古，宜呈雅态，以洽浓欢。”

乐部唱曲子，舞《剑器曲破》一段，作龙蛇蜿蜒曼舞之势。两人唐装者起。二舞者，一男一女，对舞，结《剑器曲破》彻。竹竿子念：

“项伯有功扶帝业，大娘驰誉满文场，合兹二妙甚奇特，欲使嘉宾釂一觞。霍如羿射九日落，矫如群帝骖龙翔，来如雷霆收震怒，罢如江海含晴光。歌舞既终，相将好去。”

念了，二舞者出队。

剑舞与传踏的形式相似，竹竿子即致辞者，王国维认为，“其乐有声无词，且于舞踏之中，寓以故事，颇与唐之歌舞戏相似”。

宋大曲的传承与发展

大曲是由多个曲段连成一体的大型歌舞乐曲，源自汉魏六朝的乐府相和歌。到了唐宋时期，逐渐形成结构稳定的艺术形式，由相同宫调的若干支曲子组合为成套乐舞，并配以歌词进行演唱，多用来抒情叙事、搬演故事。唐代大曲主要用五言诗、七言诗作为歌词，而宋代作歌词的通常为长短参差的词。

对于大曲的发展，王国维是这么说的：

> 南朝大曲，则清商三调中之大曲，《宋书·乐志》所载者是也。北朝大曲，则《魏书·乐志》言之而不详。至唐而雅乐、清乐、燕乐、西凉、龟兹、安国、天竺、疏勒、高昌乐中均有大曲（见《大唐六典》卷十四《协律郎》条注）。然传于后世者，唯胡乐大曲耳。其名悉载于《教坊记》，而其词尚略存于《乐府诗集·近代曲辞》中。宋之大曲，即自此出。

宋大曲由“散序——歌——破”三部分组成，与唐大曲的庞大结构已有所不同，乐句结构的改变则导致了歌词格律的改变。宋人陈曾认为，宋大曲“析慢既多，尾遍又促”。可见宋大曲乐句的句法结构较为复杂，曲调也更加细致。

王国维认为，宋、金、元时期，我国民族戏剧逐步形成并走向成熟。宋杂剧的发展，奠定了戏剧角色制形的基础，宋小说则保障了戏剧的故事性。宋之乐曲经过词、转踏、大曲、鼓吹、诸宫调等艺术形式的发展，变得越来越适于叙事。终于，宋代的戏文、元代的杂剧形成了。此二者，就是王国维所谓的我国的“真戏剧”，“后代之戏剧，必合言语、歌唱、动作以演一故事，而后戏剧之意义始全。故真戏剧必与戏曲相表里”。这也是王国维对于我国民族戏剧提出的最高标准。

谈元杂剧之渊源：曲调与形式

我国传统文论以诗文为正统，小说、戏曲则登不上大雅之堂。王国维从审美的纯粹性出发，摒弃了传统文论中的功利态度，不仅把小说、戏曲摆上了台面，还提到了一个前所未有的高度。这种肯定文学的通俗性、现实性、真实性的审美价值标准，可以说是一种新的文化史观。在《〈红楼梦〉评论》中，王国维给予了《红楼梦》高度的赞美，《宋元戏曲考》中他则将元杂剧誉为“一代之绝作”“中国最自然之文学”，充分肯定了元杂剧对俗字俗语的运用。

王国维作为中国戏曲史学的开创者和奠基者，有意识地将西方的戏剧理论引入传统戏曲研究领域。从 1908 年开始，他用了五年时间，将中国民族戏曲的起源和形成问题理出头绪，先后发表《戏曲考原》等 7 部专著，并最终创作出具有划时代意义的《宋元戏曲考》。这部集大成之作，以大量翔实的史料为依据，考证了从上古到元代的戏剧发展轨迹，建立起带有鲜明民族特色的戏曲理论体系。《宋元戏曲考》作为我国第一部戏曲史，不仅具有开拓意义，还以其伟大的学术成就，为我国的戏曲史研究奠定了坚实的基础。

界定“戏曲”范畴

针对我国古代戏曲缓慢曲折又独具特色的发展历程，又参考西方戏剧理论，王国维在《戏曲考原》中率先对具有中华民族鲜明文化特色和独特传承特质的“戏曲”概念，进行了明确的界定，“戏曲者，谓以歌舞演故事也。”随后，他又在《宋元戏曲考》中《宋之乐曲》一节进一步申明:“必合言语、动作、歌唱，以演一故事，而后戏剧之意义始全。”这样的定义，明确了“真戏剧”应当具备的代言、歌舞、故事三要素，并以此划分了“上古至五代之戏剧”也就是“古剧”与宋金以来的北曲杂剧之间的界限。

在这样的理论支撑下，王国维为我国古代戏曲的兴起与发展，勾勒出了脉络清晰的发展轨迹:从上古到五代是“后世戏剧之萌芽”时期;宋金两代“始有纯粹演故事之剧”，是戏曲的形成期:“独元杂剧于科白中叙事，而曲文全为代言”，“此二者之进步，一属形式，一属材质，二者兼备，而后我中国之真戏曲出焉”，元杂剧诞生后，中国方有真戏曲。

我国自古习用的“戏剧”“戏曲”概念宽泛而模糊，西方“戏剧”的概念引入中国后，更造成了戏剧内涵的多义性和不确定性。于是，王国维提出了“真戏剧”的定义，以此界定以元杂剧为标志的，具有独立完整形态的中国戏曲，意在突出这种艺术形式以“代言体”的“歌舞动作”，“表演出完整的故事”的综合性艺术特征，并以此为标准划清了清元杂剧与过去各种“戏剧”之间的界限。

依王国维所见，包括宋金杂剧在内的各种“古剧”虽属于“戏剧”，但并非体制完善的“代言体”的“真戏剧”。作为“真戏剧”必须符合两个重要条件：第一是“由叙事体变为代言体”，第二是“必合言语、动作、歌唱，以演一故事”。只有这样才是完备的戏剧，所以才有“论真正之戏曲，不能不从元杂剧始也”的结论。

这一极富创造性的科学论断，建立在对上古以来“古剧”演化轨迹进行深入考察之上，王国维明确阐述了自己的观点，他说："唐代仅有歌舞剧及滑稽戏，至宋金二代而始有纯粹演故事之剧，故虽谓真正之戏剧起于宋代，无不可也。"但由于宋金杂剧尚"非尽纯正之戏剧，而兼有竞技游戏在其中"，而且"其本则无一存，故当日已有代言体之戏曲否，已不可知"。关于戏剧的发展，最终王国维给出了谨慎的答案，"就现存者言之，则断自元剧始"。

古代戏曲发展轨迹

元杂剧作为中国古代戏曲成熟的标志，它的艺术形式继承了许多前代的成果。《宋元戏曲考·元剧之渊源》将其概括为三点：首先，元剧所用的曲，大多取自前代的大曲、唐宋词、诸宫调及其他宋金旧曲；其次，元剧诸曲的"配置之法""非尽出于创造"，"实多取诸旧有之形式"；最后，元剧的"材质"也就是题材，"取诸古剧者不少"，其"渊源所自，要不诬也"。

元杂剧作为在前代"古剧"基础上发展起来的"真戏剧"，其"视前代戏曲之进步"大概包含两方面：

第一，当属乐曲上的进步。宋杂剧或用大曲，"然通前后为一曲，其次序不容颠倒，而字句不容增减，格律至严，故其运用亦颇不便"，或用诸宫调，虽已不拘于一曲，"凡同在一宫调中之曲，皆可用之"，但"移宫换韵，转变至多，故于雄肆之处，稍有欠焉"。而元杂剧则全不受这样的约束，"每剧皆用四折，每折易一宫调，每调中之曲，必在十曲以上。其视大曲为自由，而较诸宫调为雄肆"。

第二，从叙事体转变为代言体。王国维说："宋人大曲，就其现存者观之，皆为叙事体。金之诸宫调，虽有代言之处，而其大体只可谓之叙事。独元杂剧于科白中叙事，而曲文全为代言。”

上述的两方面进步，“一属形式，一属材质，二者兼备，而后我中国之真戏曲出焉”。最后，王国维又总结道：“由此书所研究者观之，知我国戏剧，汉魏以来，与百戏合；至唐而分为歌舞戏与滑稽戏二种；宋时滑稽戏尤盛，又渐藉歌舞以缘饰故事；于是向之歌舞戏，不以歌舞为主，而以故事为主，至元杂剧出而体制遂定。”

王国维对元杂剧历史渊源，以及形成因素的综合研究，在全面性、系统性、准确性、具体性等方面都达到了前所未有的高度。因为他将元杂剧视为最早的“真戏剧”的完整形式，所以他对元杂剧的追根溯源，实际上也解答了中国戏曲的起源和形成问题，清晰明了地勾勒出我国戏曲艺术发展和演进的脉络。王国维在中国戏曲研究史上的“先驱”地位，也由此奠定。

谈元曲之佳处：自然而已

元曲包括杂剧和散曲，随着元灭宋入主中原，先后在以大都和临安为中心的南北地区流传开来。杂剧是戏曲，散曲是诗歌，属于不同的文学体裁，但两者都采用北曲为演唱形式。元曲有严密的格律定式，但并不死板，允许在定格中加衬字，部分曲牌还可增句，押韵上允许平仄通押，与律诗、绝句、宋词相比，要灵活得多。元曲之韵在于“俗”，所谓“俗”，是相对立于“雅”而言的。《史记》中说，“上行谓之风，下习谓之俗”，“雅”为文人学士所好，而“俗”则是属于广大平民老百姓的。

宋代以来商贸有了长足发展，城市经济繁荣，市民阶层扩大，因此推动了市民文艺的兴盛。元曲产生于民间，亦是为民众而生，为民众所喜好。

以美学概念分析元曲

在对元曲的评价上，王国维充分发挥自己“取外来之观念，与固有之材料互相参证”的学术特长，将“观其会通”与“窥其奥安”相结合，富有创造性地运用“自然”“品格”“意境”等中西美学概念，对元曲进行了全面而深入的探讨。

王国维将元曲推为“一代之绝作”“中国最自然之文学”，又说：“元曲之佳处何在？一言以蔽之，曰：自然而已矣。古今之大文学，无不以自然胜，而莫著于元曲。”这里的“自然”，与徐渭的“本色”而非相色，以及李贽的“化工”而非“画工”有着异曲同工之妙。

关于“自然”的含义，王国维在《人间词话》中已表达过很多次。王国维“自然”说具有“见素抱朴”“返回自然”之意，既有我国传统道家思想的因素，又有西方康德、叔本华的影响。在《人间词话》中，王国维还提了气、象、神、格、调、工等审美因素，但都不像“自然”那样会对“境界”产生决定性的作用，而且上述因素亦包含在“自然”之中。另外，王国维还很重视“真”，主要包括“真景物”“真感情”，所谓“真景物”“真感情”在某种意义上也就是“自然之景物”“自然之感情”。

在《宋元戏曲考》中，王国维从文学的角度切入来研究元曲，给予了元曲很高的评价和地位。特别需要注意的是，王国维把“自然”置于重要地位，是使元曲成为“一代之文学”的根本原因，把“自然”作为美最基本的标准之一，显然是把“自然”这一美学范畴放在了很重要的位置。

明代文学家徐渭与李贽赞赏的分别是，无造作气、本色真香，以及无斧凿痕、天工造化。王国维更加强调的则是蕴藏在作品表象之下的“真”意，即：在刻画人情物态的时候“能道人情，状物态，词采俊拔，而出乎自然”，在反映社会问题时“以其自然故，故能写当时政治及社会之情状，足以供史家论世之资者不少”。对于元曲反映社会现实的认识功能，宋末元初的胡祇遹已有初步认识，他在《紫山大全集》中为艺人作序文，堪称戏剧评论的第一人，也为戏曲研究留下了宝贵的材料，但在其后的六百年间，却很少有人研究元曲。

王国维重新提出元曲研究，并将元曲之美归结于“自然”，上升到对历史现状的能动反映的认识高度，堪称前无古人。

“自然”与“品格”

如果说“自然”是王国维对元曲创作特色和艺术风貌的整体把握，那么，“品格”则偏重于对元剧作家突破传统规范的艺术个性的赞赏与肯定。按照王国维的美学观点，作品外在风貌的“自然”，和作家所追求的率真自由的个性化“品格”是相互联系的。王国维认为，元曲作家之“作剧也，非有藏之名山，传之其人之意也”，他们所图的不过是“以意兴之所至为之，以自娱娱人”，“但摹写其胸中之感想与时代之情状，而真挚之理与秀杰之气，时流露于其间”。所以，王国维对以“元曲四大家”关汉卿、白朴、马致远、郑光祖为代表的元曲作家极为肯定，尤其对他们追求的个性鲜明的艺术“品格”给予了热情的赞扬，王国维说：“关汉卿一空依傍，自铸伟词，而其言曲尽人情，字字本色，故当为元人第一。白仁甫、马东篱，高华雄浑，情深文明。郑德辉清丽芊绵，自成馨逸，均不失为第一流。其余曲家，均在四家范围之内。”

总体来说，王国维对元剧作家艺术品格的推重主要包括 3 点：

第一，肯定了元曲名家与唐宋诗词名家一样，都各自具有鲜明独特的艺术“品格”，没有高下之分。

第二，元曲作家在作品中的充分展示了自己的“品格”，是自成大家的重要标志。

第三，作家“品格”的高度成熟，表现为“一空依傍”的艺术独创精神。

元曲作家们“品格”各异，在创作中真情流露，王国维对他们的称许赞佩，实际上也是对艺术家们超越世俗功利的创作动机的肯定，是对他们无目的性自由创作精神的由衷赞赏。元曲创作者的原动力来自自身“意兴”的自由宣泄，以“自娱娱人”为目的，由“胸中之感想”同“秀杰之气”凝结而成的元曲名作便成了“最自然之文学”。

将“意境”论运用于对元曲的审美评价，是王国维文艺理论中又一个颇具创造性的贡献。可以说，“意境”论是对王国维戏剧“自然”观的理性升华。在王国维看来，元杂剧、散曲之妙，就在于有意境。他说：“元剧最佳之处，不在其思想结构，而在其文章。其文章之妙，亦一言以蔽之，曰：有意境而已矣。”那么，什么从是有“意境”呢？王国维给出的答案是：“写情则沁人心脾，写景则在人耳目，述事则如其口出是也。”兼有抒情、叙事、写景之长，是我国传统戏曲文学的显著特征。王国维认为这三者在元杂剧中达到了完美的融合，于是有了“惟意境则为元人所独擅”的论点。由赞赏元杂剧的“自然”之美，到欣赏元曲作家的艺术“品格”，再到对元曲整体“意境”的推崇，最终将元曲推上了与唐诗、宋词并列的“一代之文学”的崇高地位。

谈悲剧：元有悲剧在其中

王国维在戏曲文学领域另一个具有开创性的成就，就是将西方的悲喜剧理论引入元杂剧的研究之中。明清以来的戏剧论著，虽然偶尔会涉及对故事情节喜悲的探讨，甚至对传统的“大团圆”结局提出质疑，有意识地设置“悲剧”性结局。也有人在戏曲的分类方面作过初步的探索，但基本只限于戏剧题材或角色行当的区别，却对戏曲中客观存在的悲、喜剧缺少明确的认识。

真正具有“形上”意义的“悲剧”观念的出现，还是建立在王国维“取外来之思想”构建起来的，具有民族特色的悲剧理论体系之上。在比较元杂剧与明清传奇的主要区别时，他指出：“明以后，传奇无非喜剧，而元则有悲剧在其中。”然后，他进一步从情节结构和悲剧成因两方面分析了元代悲剧的艺术特色：就情节来说，“无所谓先离后合，始困终亨之事”，从悲剧成因来看，“虽有恶人交构其间，而其蹈汤赴火者，仍出于其主人翁之意志”。因此，他认为关汉卿的《窦娥冤》和纪君祥的《赵氏孤儿》“即列之于世界大悲剧中，亦无愧色也”。

元代戏曲的悲剧性

王国维很明确地将元代戏曲与清代戏曲作了区分，认为元杂剧之所以与众不同，正是因为其具有的悲剧性，其中以《窦娥冤》和《赵氏孤儿》为最佳。早年间的王国维认为，按照西方文艺理论对悲剧的定义，能够符合悲剧标准的只有《红楼梦》和《桃花扇》，其他只能算具有悲剧精神罢了，但随着人生经历的丰富，王国维在创作《宋元戏曲考》时，对中国悲剧有了新的思考，发现了元代戏曲中的悲剧。

按照王国维曾经的观点，《窦娥冤》中窦娥沉冤昭雪，《赵氏孤儿》中赵孤手刃仇人，也算是大团圆的结局，似乎算不得悲剧。但若深入思考便可发现，王国维之所以将这两部作品也纳入悲剧范畴，是具有深层次理由的，即主人翁的意志。

在《窦娥冤》中，窦娥虽然含冤而死，但她临死前发出的三桩誓愿全都实现了，而且最终真相大白，恶势力都受到了应有的惩罚。这部戏中，窦娥宁死不屈，以生命同恶人进行斗争，这便是个人意志导致的悲剧。

在《赵氏孤儿》中，程婴为了与恶势力作斗争，保住赵孤性命，忍痛牺牲了自己的儿子。赵孤长大成人后，得知了真相，决心复仇。在这部剧中，程婴与赵孤的抉择都是个人意志。剧中的其他人物，如：赵孤的母亲让程婴抱走孩子，为了不泄密便自缢身亡；程婴企图把赵孤藏在药箱里带走，被守门的将军韩厥搜出，韩厥放走程婴和赵孤后，选择了拔剑自刎；年迈的大夫公孙杵臼主动替程婴承担下隐藏赵孤的罪名，然后触阶而死。这些为大义而牺牲的壮士，同样是出于个人意志做出的决定。

《窦娥冤》与《赵氏孤儿》之所以能被王国维列于世界悲剧之林，正是因为，这些人物的悲剧皆出于主人翁意志，而不是悲剧精神。

《窦娥冤》的艺术成就

《窦娥冤》采用了现实主义与浪漫主义相结合的创作手法，剧作在揭露社会现实的黑暗，以及刻画人物性格时，采用了现实主义方法的手法，细节描写特别真实，具有高度的现实性。作品后面的临死前的 3 桩誓愿应验、鬼魂诉冤、平反昭雪等情节，又明显是不可能的，只是寄托了底层人民的理想，带有浓郁的浪漫主义色彩。这种现实主义与浪漫主义相结合的创作方法和艺术风格，对后世的许多戏曲和小说作品，都起到了影响。

另外，这部戏的结构也十分精巧。赛卢医只是个小人物，但却串起了整部戏，他上场 3 次，但每次登场都推进了情节，勒蔡婆、卖鼠药、作人证，起到了扭结串连的作用。

王国维对关汉卿的语言是十分赞赏的，在这部戏中关汉卿的语言艺术也得到了极大的发挥。“我做官胜别人，来告状的要金银”“但来告状的，就是我的衣食父母”，贪官的贪得无厌通过语言表露无遗。“帽儿光光，今日做个新郎；帽儿窄窄，今日做个娇客”“你叫窦娥随顺了我，叫我三声的的亲亲的丈夫，我就饶了她”，张驴儿的流氓无赖也通过语言表现得淋漓尽致。不仅人物语言生动，关汉卿的叙述语言也将人物形象刻画得入木三分。譬如，“一杖下，一道血，一层皮”，短短 9 个字就将贪官的严威酷刑表现得淋漓尽致。

关汉卿尤其注重人的命运，可以说从关汉卿开始，文学创作开始由歌颂德政、鞭笞不公，转为对个人命运的关注，成为一种划时代的新趋势，并对后来的文艺创作产生了深远影响。

《赵氏孤儿》的艺术影响

《赵氏孤儿》的主题是歌颂“义”“仁”等儒家传统美德。孟子曰:“恻隐之心，仁之端也；羞恶之心，义之端也；辞让之心，礼之端也；是非之心，智之端也。”仁义礼智这“四端”，再加上“信”，便是儒家崇尚的五“德”。《赵氏孤儿》着重突了“义”“仁”二字。按照新儒学泰斗冯友兰先生的解释:“义是事之‘宜’，即‘应该’。它是绝对的命令。社会中每个人都有一定的应该做的事。必须为做而做，因为做这些事在道德上是对的。”从这个意义上说，“义”建立在“智”的基础之上，既要分辨是非，又能知晓荣辱，因此也包含了“忠”和“信”的内涵，所以这里的“义”是广义的，而这里的“仁”，则特指同情心、怜悯心，比孔子的“仁”更有针对性。

《赵氏孤儿》是元杂剧中最优秀的历史剧之一，后被改编成京剧、潮剧、秦腔、话剧、豫剧、越剧、晋剧等剧目。1731 年,《赵氏孤儿》被耶稣会士马若瑟译成法文，1735 年该译本被收入杜赫德主编的四大卷《中华帝国志》里，是中国最早传到欧洲的戏曲作品。法国作家、思想家伏尔泰将其改编为五幕剧《中国孤儿》，在欧洲文化界引起巨大反响。

王国维吸收了西方进步的文体观，破除了视戏曲、小说为“末技”的陈腐陋见，把硕儒雅士“鄙弃不复道”的元曲提升到与楚骚、汉赋、唐诗、宋词等平等的“一代之文学”的高度，使戏曲研究成了一门显学。在艺术思想方面，他把“悲剧”“性格”等西方美学范畴引入传统戏曲领域，将西方美学与我国传统美学中的“意境”说融为一体，为传统曲论的理论形态带来了根本性的变革，即变即兴随感式的直观评点，为深入系统的理性思辨。

谈意境：
戏曲意境说与“古典意境说”

王国维是中国古典美学的集大成者，他在前人的基础上，对意境的涵义进行了多方面的探讨，令属于中国古典美学的意境问题，在中西文化比较的背景下明确起来，并使它成为中国古典美学的核心范畴。“意境”本是诗论标准，但在《宋元戏曲考》中，王国维沿用了“意境”这一诗论概念，提出了“戏曲意境说”。

从我国戏剧的发展历程看来，元杂剧正处于戏剧独立的起步阶段，对于戏剧的情境、结构，大部分创作者都不具备足够的认识。就像王国维所说的，“元剧的关目之拙，固不待言。此由当日未尝重视此事，故往往互相蹈袭，或草草为之”。当时的元杂剧，虽然已发展为一门综合性的戏剧艺术，但大部分剧作家仍把元杂剧当作书面文学而非舞台艺术来创作。因此，王国维称“然元剧最佳之处，不在其思想结构，而在其文章”，于是在戏剧评论中引入了“意境”的概念。

“戏曲意境说”与“古典意境说”的区别

在《人间词话》里，王国维提出了“意境”的第一重要标准也是首要前提，那就是“真”，即“能写真景物、真感情者，谓之有境界。否则谓之无境界”。又说：“大家之作，其言情也必沁人心脾，其写景也必豁人耳目。其辞脱口而出，无矫揉装束之态。以其所见者真，所知者深也。诗词皆然。持此以衡古今之作者，可无大误矣。”

“意境”之所以从一个纯粹的古典诗论的美学范畴，转移到了戏曲文学的美学范畴，是因为元剧是以真率自然取胜的“千古独绝之文字”。所以王国维便以“真景物、真感情”作为桥梁，把“意境”说从诗论引入剧论之中，于是产生了了王国维的“戏曲意境说”。不过“戏曲意境说”与“古典意境说”并不完全相同。在《人间词话》中，王国维指出：

文学之事，其内足以抒己而外足以感人者，意与境二者而已。上焉者，意与境混，其次或以境胜，或以意盛。苟缺其一，不足以言文学。

“戏曲意境说”是相对元代以后的戏曲文学而提出，尽管他并没有对“意境”的内涵作出系统而全面的表述，但是从他所列举的元剧中“有意境”的代表，我们还是能够看出此时的“意境说”与《人间词话》相比，已经有所发展和变化了。

王国维的第一个例子是关汉卿《谢天香》中的第三折：

【正宫·端正好】我往常在风尘，为歌妓，不过多见了几个筵席，回家来仍作个自由鬼；今日倒落在无底磨牢笼内！

王国维将这段唱词誉为“言情述事之佳者”。这里已非古典意境说中作者自己的事、自己的情，而是代剧中人立言，表现的是剧中人的遭遇与情思。

王国维选取的第二例是马致远《任风子》的第二折：

【正宫·端正好】添酒力晚风凉，助杀气秋云暮，尚兀自脚趔趄醉眼模糊。他化的我一方之地都食素，单则俺杀生的无缘度。

王国维称赞这段唱词“语语明白如画，而言外有无穷之意”。这一段明显表现的是剧中人酒后的所思所见，既写景又写情，情景交融，并有言外有意，但与传统诗论中的“言外有无穷之意”又大有差别。

王国维举的第三例是关汉卿《窦娥冤》的第二折：

【斗虾蟆】空悲切，没理会，人生死，是轮回。感着这般疾病，值着这般时势；可是风寒暑湿，或是饥饱劳役；各人证候自知，人命关天关地；别人怎生替得，寿数非一今世。相守三朝五夕，说甚一家一计。又无羊酒缎匹，又无花红彩礼；把手为活过日，撒手如同休弃。不是窦娥忤逆，生怕旁人论议，不如听咱劝你，认个自家晦气，割舍得一具棺材，停置几件布帛，收拾出了自家门里，送入他家坟地。这不是你那从小儿年纪，指脚的夫妻。我其实不关亲，无半点凄惶泪。休得要心如醉，意似痴，便这等嗟嗟怨怨，哭哭啼啼。

对于这段词，王国维是这样评价的，他说：“此一曲直是宾白，令人忘其为曲。元初所谓当行家，大率如此。”

从上面这些例子可以看出，王国维的戏曲意境说是从“代言性”出发的，与“古典意境说”虽有共通之处但不尽相同。

戏剧与诗词的异同

对于戏剧艺术和诗词艺术之间的差别，早在明代，人们就已经有较为明确的认识了。明末清初的戏曲作家、戏曲理论家孟称舜就说：“盖诗词之妙，归之乎传情写景。顾其所谓情与景者，不过烟云花鸟之变态，悲喜愤乐之异致而已，境尽于目前，而感触于偶尔，工辞者皆能道之。迨夫曲之为妙，极古今好丑、贵贱、离合、生死，因事以造形，随物而赋象。时而庄严，时而谐诨，孤末靓旦，合傀儡于一场，而微事类于千载。笑则有声，啼则有泪，喜则有神，叹则有气，非作者身处于百场云为之际，而心通乎七情生动之窍，曲则恶能工哉。……学戏者，不置身场上，则不能为戏，不化其身为曲中之人，则不能为曲……”

曲辞虽然和诗词是一脉相承的，但曲辞要为故事服务，所以乃针对戏剧情节、角色性格所发。王国维在《宋元戏曲考》中说的“写情则沁人心脾，写景则在人耳目”，与在《人间词话》中说的“真景物、真感情”，在某些方面是相通的；不过戏剧作为代言体艺术，《宋元戏曲考》中说的“情”“景”指的是剧中人心中的情、眼中的景，这是从诗论中发展出来的。至于曲辞讲究的“叙事则如其口出”，更是指剧中特定人物在特定情境下的表现人物性格的语言，这是比诗论中“意境说”有所发展的地方。

元杂剧与明清戏曲的“自然”之别

王国维的戏曲“意境说”和“自然说”是相互关联的。对于堪称“一代之绝作”的元杂剧，王国维是这样评价其优点的，“元曲之佳处何在？一言以蔽之曰，自然而已矣”同样，“元南戏之佳处，亦一言以蔽之，曰自然而已矣。申言之，则亦不过一言，曰有意境而已矣。”因为自然，所以“彼但摹写其胸中之感想，与时代之情状”，“又以其自然故，故能写当时政治及社会之情状，足以供史家论世之资者不少”。

王国维对元剧的“自然”风格极力推崇，并以“自然”当作判断古今文学之高下的重要标准，他说：“古今之大文学，无不以自然胜，而莫著于元曲。”在“自然”风格方面，王国维将元曲与“古今之大文学”归为同类，只是程度更甚。“若其文字之自然，又其必然之结果也”，于是我们可以确认，戏曲“意境说”是以戏曲“自然说”为前提的，是王国维对自然观在语言上的进一步阐发。

从“自然”的角度出发，王国维给出了“故元以后无戏曲”的论断。他的这一观点很容易令人误解，以为他对明清戏曲是持否定态度的，其实并非如此。“元曲诚多天籁，然其思想之陋劣，布置之粗笨，千篇一律，令人喷饭。至本朝之《桃花扇》《长生殿》诸传奇，则进矣。”通过这段论述，我们可以清楚地看出，尽管王国维赞扬了元代戏曲的天籁之音、自然之境，但对清代传奇中的《桃花扇》和《长生殿》也是颇为欣赏的，只是觉得明清戏曲整体来说文人痕迹还是过重了。

元杂剧整体的自然风格来自于元代特殊的人文环境。一方面，蒙古人刚健纯朴的气息影响了整个时代精神；另一方面，儒生们通过科举飞黄腾达的路被堵塞了，所以也就不再被功名所束缚了，于是也就不用违背自己内心的真实想法去说虚伪的话，故能“以意兴之所至为之，以自娱娱人”。在明清剧论中虽也多有“自然”的提法，但明清的自然论多指曲辞的通俗晓畅、自然雅致，与元杂剧的“自然”不是一回事。

王国维提出“戏曲意境论”，并不是像《人间词话》那样意在标举“意境”本身，而在借意境来评价元杂剧的艺术成就，从文学审美的高度进行评判，从而将作为俗文学的元杂剧提升到“一代文学的高度”，使它得以与前代的诗词文赋比肩。这种“真”和“自然”的观点，一经提出，便很快得到大批文人学者的响应，对破除文学的观念主义和形式主义大有助益。

谈戏曲与文学：戏曲是中国最自然之文学

王国维以严谨的科学方法梳理、考证了中国戏曲诞生、发展的历程。在《宋元戏曲考》的尾声，王国维探讨了中国戏剧与外来因素的关系，认为在中国戏曲的形成过程中，的确有一些外来的戏剧现象，但主要还是本土的影响。譬如在讲到元代戏剧的结构时，他说："至元剧之结构，诚为创见；然创之者，实为汉人；而亦大用古剧之材料，与古典之形式，不能谓之自外国输入也。"

王国维把戏曲形成过程，看成是多种艺术门类的综合过程，认为综合度越高就越成熟。王国维指出，艺术形式愈自由便愈进步，但事实上戏剧史乃至整部文化史并非始终朝着自由、进步的方向发展，时常会有曲折和倒退，在他看来，明代剧作家就没有元曲作家水平高，作品过于拘谨。

另外，戏剧的形成、发展和特定的社会历史背景也是紧密联系的。"元初之废科目，却为杂剧发达之因。盖自唐宋以来，士之竞于科目者，已非一朝一夕之事，一旦废之，彼其才力无所用，而一于词曲发之。……此种人士，一旦失所业，固不能为学术上之事。而高文典册，又非其所素习也。适杂剧之新体出，遂多从事于此；而又有一二天才出于其间，充其才力，而元剧之作，遂为千古独绝之文字"。元杂剧的创作者，大多是不得志的读书人，失去了科举的上升途径，又没有养家糊口的技术，只好投身戏剧创作。这便解释了元代戏曲文学水平之高的原因。

戏曲文学的地位和价值

王国维不同于观点偏仄狭隘的封建士大夫，他公正地给了戏曲文学以应有的历史地位。以前代的文学样式来挤压后代的文学样式，这是没有道理的。古希腊的悲剧可以照亮西方文学的发展之路，而莎士比亚的戏剧同样是伟大的，但在中国封建正统文化史家看来却并非如此。

以元曲为例，“两朝史志与《四库》集部，均不著于录；后世儒硕，皆鄙弃不复道”，结果，“遂使一代文献，郁堙沈晦者，且数百年”。在这样的背景下，王国维奋力为戏曲修史，并盛赞元曲在文学史上的重要地位，理论意义就非同一般了。

王国维不仅将元曲摆在了与楚辞、汉赋、唐诗、宋词平等的地位，而且还进一步说明，以这些文学样式在它们各自最盛的时代里的地位论，戏曲在元，比诗之在唐和词之在宋，更加一枝独秀；若按照它们互相间美学价值的高低论，戏曲也大有胜过前世各种文学样式的地方。王国维认为，戏曲文学超越其他文学样式的最重要一项，就是“自然”。

剧本的文学性

王国维此处的“自然”，与“真”“不隔”等概念近义，主要是指不重修饰的直观自然状态。戏剧创作者是不入流的，所以不必承担名教的责任，于是也就从虚文浮彩中解脱出来，可以凭着意兴说真话、绘真容。如此一来，写出的剧本不仅感情真挚，对于时代、社会的现实反映也十分真实，甚至可为史家论世之用。

依照王国维的观点，戏曲追求自然，看似不避粗鄙，实际上却能导向更高一层的艺术境地。真挚自然的作品会流露出秀杰之气，其艺术表达就可以创造出意境来。自然是王国维对戏曲的整体要求，与自然相联系的意境则是着重于艺术表达的方面。所谓意境，王国维是这样解释的，即：情要真，景要实，人物塑造要性格化，归根结底仍然是真切和自然。然而对戏剧作品来说，单是主观真实情感的迸发并不够，还必须符合艺术的形象和环境。当然，仅仅对环境和人物形象进行刻画也不够，还要注入丰富的情感，否则艺术形象便会失去灵魂，也无法打动观众。戏剧的艺术真实，只有在情景、意境相互交融的情况下才能成立。借用王国维在《人间词话》里“隔”与“不隔”的说法，交融契合则是“不隔”，否则则是“隔”，而“隔”正是真实和自然在审美效果上的大敌。

对于戏曲文学在艺术表达上的自然和意境问题，王国维列举了元剧中不少文词段落来支持自己的说法，对关汉卿的作品尤其推崇。王国维对关汉卿的赞誉，主要针对其戏曲的文字语言方面。不过也正如王国维自己所说，比起创作初衷和作品内容，“若其文字之自然，则又为其必然之结果，抑其次也”，所以他对剧作内容的实质性价值也是十分看重的。他认为，关汉卿的《窦娥冤》、纪君祥的《赵氏孤儿》“即列之于世界大悲剧中，亦无愧色也”。这是中国学者第一次以全球视野，对本民族的传统剧目作出恰当的评价。

谈《桃花扇》：真正意义之悲剧

王国维深受叔本华、尼采等唯意志主义者的思想影响，特别是较为系统地接受了叔本华的悲观主义，并以此作为自己的立论之本。王国维写过很多文章来介绍德国唯心主义哲学家的作品，如《汗德像赞》《叔本华之哲学及其教育学说》《叔本华与尼采》等。但最能集中反映叔本华对其思想影响的，并非这些文章，而是著名的《〈红楼梦〉评论》。王国维认为《红楼梦》完美地融合了“生活”“痛苦”“解脱”这人生三要素，且属于叔本华划分的三种悲剧的第三种，所以堪称“彻头彻尾之悲剧”“悲剧中之悲剧”。可见，王国维认识“悲剧”，是从哲学和美学的角度来看的。

王国维秉承着叔本华的美学思想，认为悲剧就是人生的本相。生活的本质是“欲望”，欲望无法得到满足便会产生痛苦，得到满足后又会觉得厌倦。生活由欲望所控制，在痛苦和厌倦间摇摆，循环往复，苦不堪言。但作为一切痛苦之根源的“欲”却是人人都有的生活要求，所以“解脱”的途径只有摒弃生活之欲的“出世”一条。所以，王国维就得出了这样的结论，他说：“人生之命运，固无异于悲剧。”

出于这种人生、悲剧的同一论，王国维认为悲剧是文艺中价值最高的，也最壮美的。他叹息于中国人入世、乐天的精神，与悲剧之美相去甚远，所以传统戏曲、小说多倾向以“大团圆”的方式作为结尾。因此，他在《〈红楼梦〉评论》中说:“吾国之文学中，其具厌世解脱之精神者，仅有《桃花扇》与《红楼梦》耳。”

《桃花扇》的艺术价值

《西厢记》《长生殿》《牡丹亭》都是我国传统戏剧中的佼佼者，但王国维对它们的美学价值却提出了批评与怀疑。对于自己极力推崇的《桃花扇》，王国维是这样说的，“元人杂剧，辞则美矣，然不知描写人物为何事。至国朝之《桃花扇》，则矣！”王国维对元杂剧评价已经很高了，但比起《桃花扇》来还是有很大差距的。

《桃花扇》是清代著名的传奇剧本，作者孔尚任花了十余年时光，三易其稿终于完成了这部伟大的作品。此剧借离合之情，写兴亡之感，是根据真人真事创作出来的，以复社文人侯方域和名妓李香君悲欢离合的爱情故事，穿插真实的历史事件，表现了南明覆亡的全过程，并总结了明朝立国三百年兴亡的历史经验。这部作品不仅表达了剧中人物爱恨情仇，更展现了丰富复杂的社会历史内容。

在人物刻画方面，王国维认为《桃花扇》可以称为中国戏曲史上绝无仅有的伟大作品。《桃花扇》十分注重人物性格方面的刻画，能够全方位立体地塑造人物，不同的人物在遭遇矛盾时会作出不同的选择，使人物形象丰满生动。作者还将人物的情感波折置于国难的动荡背景之下，既写出了亡国之痛与爱国之心，又歌颂了男女主人公对爱情的坚贞不屈。

孔尚任在《桃花扇》的结局处理上，突破了传统俗套。《桃花扇》虽以男女主人公的遭遇为主线，但其创作宗旨不在表现才子佳人的的儿女之情。“借离合之情，写兴亡之感”才是作者创作的主要目的，故而跳出了以往表达男女情爱的俗套，以男女主人公双双入道作为终结，一反传统的大团圆结局。这样的剧情设定有力地冲击了“善有善报，恶有恶报”民族心理，也因此更加触动观众，产生了悲剧的伟大效果，从而展现出令人耳目一新的艺术视野。

《桃花扇》的悲剧性

王国维在谈到元杂剧中的悲剧特征时，提出了这样一个概念——“主人翁意志”，指的是悲剧主人公道德选择的自觉。在王国维看来，悲剧之所以成为悲剧，是因为剧作中的主人公并非只能被动地成为反面势力的受害者或牺牲品，而是根据伦理道德的要求而地主动去面对死亡或危险，因此体现出了道德意志的自由。

从某种角度上来看，悲剧主人公之所以会遭受的灾难或死亡，并不一定就是由非正义的人或事直接造成的，而是悲剧主人公本身为使正义回归，而作出的一种悲壮的献祭。

在《桃花扇》以前的中国古典戏曲悲剧中，戏剧人物的塑造，普遍遵循着“非黑即白”“非善即恶”的原则。显然，在这种人物塑造原则下产生的戏剧冲突，是一种二元对峙模式的“人与人的冲突”，而冲突的双方则成了具有相反伦理内涵的道德符号。也就是说，在《桃花扇》之前的古典戏曲悲剧中，对“正面人物”的塑造几乎在各个方面都达到了完美的程度，而悲剧冲突中的“反面人物”大多则只呈现出邪恶的一面。可是，这种符号式的人物塑造模式在《桃花扇》中，终于第一次被打破了。《桃花扇》的悲剧冲突遵循的依然是正邪对峙的模式，但在塑造冲突双方人物形象时，作者有意识地为人物赋予了丰富的内涵，使人物性格变得复杂而真实。

在《〈红楼梦〉评论》中，王国维曾对《桃花扇》和《红楼梦》之间不同的悲剧性做过对比，他说："《桃花扇》，政治的也，国民的也，历史的也;《红楼梦》，哲学的也，宇宙的也，文学的也。"前者有"故国之戚"，后者有"人生之思"，两者的悲剧性是有所区别的。

王国维将悲剧分为3种，第三种悲剧形式是超越前两种的，因为它具有无意识性、日常性、必然性以及普遍性。这里所谓的无意识性是指，人们在本能的驱使下无意识地走到了悲剧的尽头，却不自知。日常性是说，悲剧蕴藏于日常生活之中，并非由特殊事件导致。必然性是指，凡是没有解脱的人都会产生悲剧。普遍性即每个人都可能遭遇悲剧，逃脱不了这样的宿命。正是基于这样的认识，王国维将《桃花扇》评为非典型的悲剧，因为它是极具偶然性的，不具备第三种悲剧的特征。

从三种悲剧理论来看，真正的悲剧是人人都会发生的，悲剧的种子潜藏在每个生活细节之中，而欲望就是这颗种子，譬如《红楼梦》。《桃花扇》显然不属于这类作品，这种社会政治悲剧通常只能发生在社会群体中的精英身上，而不是普通人的日常悲剧。《桃花扇》和《红楼梦》同样是以"入道"求"解脱"为结局，但《红楼梦》的解脱是"自律的"，《桃花扇》的解脱是"他律的"，这样的解脱不如"自律的"解脱彻底。因此，王国维将《桃花扇》的悲剧性置于《红楼梦》之下。

第六章

究天人之际，察古今之变

——读王国维《观堂集林》

《观堂集林》是王国维的一部自选文集，反映了他多方面的学术成就，涉及的学科领域广泛，被公认为中国学术史上的不朽佳作。按照陈寅恪所说，王国维大多数的学术研究都属于“取地下之实物与纸上之遗文互相释证”，但晚年致力西北史地，则属于“取异族之故书与吾国之旧籍互相补正”。这样的治学方法“足以转移一时之风气，而示来者以轨则”。

谈《史记》：所谓古文说

2013年1月1日的《国家人文历史》杂志创刊号，评出了中国九大“镇国之宝”，其中包括秦石鼓文。石鼓文为秦刻石文字，因其刻石外形像鼓而得名。石鼓文发现于唐初，共10枚，各用籀文刻着四言诗一首，共10首，计718字，记述了周宣王出猎的场面，所以也叫“猎碣”。从宋代郑樵的《石鼓音序》之后，“石鼓秦物论”开始广泛流传，但对具体时间则意见不一，清末震钧断为秦文公时物，民国马衡断为秦穆公时物，郭沫若断为秦襄公时物，现在又有学者考证石鼓为秦始皇时代的作品。

籀文是古代秦国使用的文字，由于春秋时秦人所作的《史籀篇》中收藏有223个字，因此叫籀文。籀文是由钟鼎文繁化而来，目的是显示国威。

为何汉代还能读懂失传的古文

在《〈史记〉所谓古文说》一文的开头，王国维提道：“自秦并天下，同一文字，于是篆、隶行而古文、籀文废。”古文与籀文同是不再通行的文字，有什么区别呢？在另一篇文章《战国时秦用籀文六国用古文说》里，他则援引了许多古代学者的观点来说明古文、籀文的渊源：

班孟坚言“《仓颉》《爰历》《博学》三篇文字多取诸《史籀篇》，而字体复颇疑，所谓秦篆者也”。许叔重言“秦皇帝初兼天下，丞相李斯乃奏同文字，罢其不与秦文合者。斯作《仓颉篇》，中车府令赵高作《爰历篇》，太史令胡毋敬作《博学篇》，皆取史籀大篆，或颇省改。所谓小篆者也。”是秦之小篆本出大篆，而《仓颉》三篇未出，大篆未省改以前，所谓秦文，即籀文也。司马子长曰“秦拨去古文。”扬子云曰“秦刬灭古文。”许叔重曰“古文由秦绝。”案：秦灭古文，史无明文，有之惟一文七字与焚诗书二事。六艺之书行于齐鲁，爰及赵魏，而罕流布于秦，《史籀篇》之不行于东方诸国。其书皆以东方文字书之。汉人以其用以书六艺，谓之古文。而秦人所罢之文与所焚之书，皆此种文字，是六国文字即古文也。观秦书八体中，有大篆无古文，而孔子壁中书与《春秋左氏传》，凡东土之书，用古文不用大篆，是可识矣。故古文、籀文者，乃战国时东西二土文字之异名，其源皆出于殷周古文，而秦居宗周故地，其文字犹有丰镐之遗，故籀文与自籀文出之篆文，其去殷周古文反较东方文字即汉世所谓古文为近。

战国时期，七国分立，所用文字各不相同。秦始皇帝灭六国后，采纳了丞相李斯的请求，“罢其不与秦文合者”。此时秦使用籀文已有500多年的历史，籀文笔画繁复，所以在实用中就渐渐简化了。李斯的《仓颉篇》、赵高的《爰历篇》、胡毋敬的《博学篇》成为简化字体的范本，于是小篆诞生了。

小篆使用的时间很长，到了西汉末年才逐渐被隶书替代。司马迁作《史记》时，通行的文字是小篆，与大篆籀文已经有较大区别了，更何况早被取消六国古文。那么，司马迁为何还能读懂先秦古书，并以古书内容作为自己著史的依据呢？王国维认为，“太史公所谓古文，皆先秦写本旧书，其文字虽已废不用，然当时尚非难识，故《太史公自序》云：年十岁则诵古文，太史公自父谈时已掌天官，其家宜有此种旧籍也。”《战国时秦用籀文六国用古文说》里，王国维解释说，籀文并非秦国专用，与六国文字同宗同源，虽然写法不同，但区别并不大，只是东部地区和西部地区叫法的差异罢了。

籀文与六国古文差别不大

在《史记》最后一篇《太史公自序》中，司马迁说："秦拨去古文，焚灭诗书，故明堂石室金匮玉版图籍散乱。"周朝王道废弛，秦始皇毁弃《诗》《书》，汉朝兴起后才有前人冒死藏匿的古书重见天日。太史公修《史记》参考的"是秦石室金匮之书"，像《五帝德》《帝系姓》《谍记》《春秋历谱谍》《国语》《春秋左氏传》《孔氏弟子籍》等，凡先秦六国遗书，均不是后人默写的，用的都是古文。

汉武帝时，鲁恭王刘余为扩建宫室拆毁了孔子旧宅，在夹壁中发现多种古文经传，其中包括《尚书》《仪礼》《论语》《孝经》等，在全国引发了搜集和整理古旧图书的热潮。王国维说："孔壁书之可贵，以其为古文经故，非徒从其文字为古文故也。盖汉景武间，距用古文之战国时代，不及百年，其识古文当较今日之识篆隶为易。"秦始皇焚书，《尚书》被毁，到了汉朝初年，原秦朝博士伏生传下了《尚书》29 篇，因是用当时通行的隶书写成，于是被称为《今文尚书》，后来从孔子旧居的墙壁里发现了用蝌蚪文写成的《尚书》，这种上古文字大部分的人都认不出，经孔子后人孔安国整理成当时的文字才流传下来，谓之《古文尚书》。对于司马迁时代的人来说，阅读六国古文的难度并不大，与真正的上古文字并非一回事。

总体来说，王国维认为，商周古文是东西二土文字的共同源头，秦国处于周朝故地，受周的影响较大，六国东土距离宗周故地较远，受到的影响也较小。随着齐鲁文化的发达，一套新的文字系统逐渐成型，但与秦国籀文差距不大。

谈《说文》：所谓古文说

王国维是在罗振玉的影响下开始从事古文字研究的，对古文进行过系统而细致的研究。他在古文、甲骨、金文、籀文等研究领域都取得了成就。在古文、籀文方面，王国维著有《史籀篇疏证》《魏石经考》《战国时秦用籀文六国用古文说》《桐乡徐氏印谱序》等。王国维从当时所存经籍与甲骨金文出发，得出“战国时秦用籀文六国用古文说”，即“古文”之“东土文字”与“西土文字”分说，认为古文就是战国时东方六国的文字，此说现已成为定论。

王国维认为秦时统一文字，“罢其不与秦文合者”，不通行于秦的六国文字就是古文。“故古文、籀文者，乃战国时东西二土文字之异名，其源皆出于殷周古文，而秦居宗周故地，其文字犹有丰镐之遗。故籀文与自籀文出之篆文，其去殷周古文反较东方文字即汉世所谓古文为近。”此说是王国维创见。因为两汉时期流传的经本都是由古文转写而来的，学者解经少不了“详训诂，明句读”的功底，两汉的古文家，如张敞、桑钦、卫宏、贾逵、许慎等都是这样。

《说文解字》的解字方法

《说文解字》简称《说文》，是东汉的经学家、文字学家许慎所著。许慎根据文字的形体，创立 540 个部首，将 9353 字分别归入 540 部，

540部又据形系联归并为14大类。后世学者认为，“汉文字的一切规律，全部表现在小篆形体之中，这是自绘画文字进而为甲文金文以后的最后阶段，它总结了汉字发展的全部趋向，全部规律，也体现了汉字结构的全部精神。”

可以说正是因为有了《说文解字》，包括王国维在内的后世学者才能够认识秦汉的小篆，并进而分辨商代的甲骨文、商周的金文及战国的古文。“比较法”可以说是用《说文解字》考释甲骨文、金文的最基本方法，即通过已识字和未识字的字形对比来考释古文字。宋人释读金文就是从“比较法”开始的，“因为周代的铜器文字和小篆相近，所以宋人所释的文字，普通一些的，大致不差，这种最简易的对照，就是古文字学的起点”。

《说文解字》四个字明确说明，这部书是由“文字”和“说解”两部分组成。许慎之所以把小篆作为收字和注释的对象，是有着深刻历史原因的。第一，小篆是一种经过系统整理的文字，是“书同文”的产物，与籀文或古文相比，都要规范、完备得多；第二，小篆从籀文脱胎而来，与籀文大部相同，不同之处仅仅在于有些字在籀文基础上稍加简化；第三，小篆同六国古文固然有所不同，但是也有相似之处，所以把小篆作为字头也就涵盖了那些与小篆相同的古文和籀文，许慎在《说文·叙》中说，“今叙篆文，合以古籀”表明所收为正字，而非重文，可见和小篆相同的古文、籀文决不在少数。

《说文解字》中的“古文”探析

在《说文解字序》中，许慎说：“及宣王太史籀著《大篆》十五篇，与古文或异。至孔子书《六经》，左丘明述《春秋传》，皆以古文，厥意可得而说。其后诸侯力政，不统于王，恶礼乐之害己，而皆去其典籍。分为七国，田畴异亩，车途异轨，律令异法，衣冠异制，言语异声，文字异形。”在他看来，古文与籀文是两回事，而籀文与大篆是相同的。

《说文解字》在中国学术史上有着不可动摇的重要地位。王国维作为古文字学家，也非常重视《说文解字》，但并不盲从。他排列出《说文解字序》中引用的“古文”一词，分析后得出这样的结论：“《说文解字序》言古文者凡十，皆指汉时所存先秦文字言之。”他在《〈说文〉所谓古文说》一文中说：“所见壁中古文为殷周古文”，“以壁中书为孔子所书”，为“许君一时之疏失去也。”在《战国时秦用籀文六国用古文说》中又云：“遂若六国之古文即殷周古文，而籀篆皆在其后，如许叔重《说文序》所云者，盖循名而失其失矣。”

此外，在不同的时代，“古文”也有着不同的概念。为辨析“古文”的名与实，王国维对“古文”一词进行梳理：

西汉初年时的“古文”，当是指先秦写本旧书。

汉武帝、昭帝后的“古文”，逐渐专指为壁中书。

西汉末年的“古文”，专指孔府旧宅的壁中书。

东汉初“古文”，专指孔子壁中书。

东汉末年的“古文”，开始叫作“蝌蚪文字”。

王国维还总结了关于“古文”的多种性质及属性：

“古文”属于古文字的范畴。这是王国维通过对籀文、《说文解字》中的“古文”、殷商卜辞、金文、六国兵器、货币、玺印、陶文等进行对比得出的结论。

属于书体、书法的范畴。王国维通过研究《说文解字》的“古文”阐明了古文蝌蚪书体、书法的脉络。

具有学派的性质。班固《汉书·艺文志》和《地理志》所说的“古文以为某”，就是指古文学派。

关于“古文”的概念，自古就有不同的理解。王国维对各方的不同见解，进行反复论证，提出了新的见解。钱玄同对王国维的观点赞许有加，说:“《说文》序中有‘今叙篆文，合以古籀’二语，段玉裁、郑知同、王国维三人有不同的解说，我以为王国维的话最不错。他说:‘《说文解字》实合古文、籀文、篆文为一书，凡正字中，其引《诗》《书》《春秋》以说解者，可知其为古文，其引《史篇》者，可知为籀文，引杜林、司马相如、扬雄说者，当出《仓颉》《凡将》《训纂》诸篇，可知其为篆文，虽《说文》诸字中有此称识者十不逮一，然可得其大略。昔人或以《说文》正字皆篆文，而古文籀文惟见于重文中者，殆不然矣。’他又说:‘汉代鼎彝，所出无多,《说文》古文又自成一系，与殷周古文截然有别，其全书中正字及重文中古文，当无出壁中书及《春秋左氏传》以外者。’王氏说《说文》中之古文无出壁中书及《春秋左氏传》以外者，我从各方面研究，知道这话极对。”

许慎著书时参考了众多材料，甚至包括非常珍贵的汉朝秘府所藏的古文《左氏春秋》，此外，许慎对篆书也是十分熟悉的。正因为有丰富的文献作为基础,《说文解字》才能为后世研究古文字提供宝贵的线索。

谈敦煌：
发现唐朝之通俗诗与通俗小说

作为 20 世纪初中国最伟大的国学大师之一，王国维虽在政治上持保守态度，但学术态度颇为开放。他一方面坚守着乾嘉朴学传统，另一方面又致力于西学与国学的结合；他长期专注于传统汉籍及中原出土的钟鼎铭文、碑刻、石经、甲骨的考释，也十分关心边疆史地及西域出土的简牍文书的考订工作。

陈寅恪于 1930 年所作《陈垣敦煌劫余录序》中说：“吾国学者，其撰述得列于世界敦煌学著作之林者，仅三数人而已。”虽然没言明“三数人”到底指谁，但王国维肯定要算一位的，他在敦煌学开创期对敦煌藏经洞所出写本的研究，可以说在世界范围内的都是有着深远影响的。

与日本学者的交流

1900 年敦煌藏经洞发现了古代写本，1907 年英国人斯坦因来到敦煌，将大批写本和美术品带回欧洲。第二年，法国的伯希和也来到敦煌，带走了一批藏经洞的宝藏。1909 年 9 月，伯希和携部分文物精品，从法国远东学院所在的河内来到北京，他一面购书，一面把这些新发现的文书展示给中国学者。罗振玉、蒋斧、王仁俊等人前往参观并抄录，王国维也随同前往，但没有从事抄录和考订工作，因为当时他的兴趣主要集中在宋元戏曲上。很快，伯希和发现敦煌古书的消息就传到了京都，引起著名学者内藤虎次郎、狩野直喜等人的重视。

1912 年 9 月，狩野直喜远赴欧洲，在伦敦、巴黎、圣彼得堡等地调查抄录英、法、俄三国在敦煌、黑城和中国西北其他地区所获得的出土文献资料。这次欧洲之行，狩野直喜收获的资料有限，但对于学术研究依然大有裨益。

1916 年，狩野直喜根据在英、法见到的《唐太宗入冥记》《秋胡戏妻故事》《伍子胥小说》等唐末五代抄本，指出元代以后开始兴盛的俗文学，其实早在唐末五代就已萌芽，又根据《孝子董永传》《季布歌》等韵文资料，将戏曲的萌芽也向前推进到唐末五代。1920 年，在狩野直喜对敦煌俗文学作品的研究基础上，王国维发表文章《敦煌发见唐朝之通俗诗及通俗小说》，点明敦煌俗文学作品在中国文学史上的重要意义。

狩野直喜和王国维都是单纯的学者型人物，两人交情深厚，而且在学术上有许多相同见解，在学术上相互启发，互有促进。譬如：他们都用敦煌的资料来进行研究，但又都不局限于敦煌学的范围，不仅在敦煌学史上颇有建树，而且在其他一些领域里也成为了引领者。

俗文学的巨大成就

由于藏经洞文物大量外流，早期敦煌学研究最紧迫的任务就是抄录并刊布流失海外的藏卷，并对尚留在国内的文物加以编目，同时开展个例的分析研究。对当时的中、日本学者来说，效率最高的办法就是在整理、刊布录文的基础上，撰写言简意赅的序、跋。

敦煌文献为王国维的学术研究提供了极其重要的帮助，譬如考证出了《秦妇吟》全文。唐写本韦庄《秦妇吟》残卷，是从被斯坦因带回伦敦的两部残卷上抄录而来，两部残卷均前后残缺，既没有篇题也没有作者姓名，幸亏王国维博闻强识，只据《北梦琐言》记载的韦庄《秦妇吟》中“内库烧为锦绣灰，天街踏尽公卿骨”两句，判定这正是失传已久的韦庄长诗。

在跋文的基础上，王国维于1920年发表《敦煌发见唐朝之通俗诗及通俗小说》，依次介绍了《秦妇吟》《季布歌》《董永传》《唐太宗入冥记》《春秋后语》唐人词及《云谣集杂曲子》，还以较大篇幅谈及敦煌本《太公家教》，认为《太公家教》乃“唐时乡学究之所作”，最后得出“唐代不独有俗体诗文，即所著书籍，亦有平浅易解者”的结论。

1925年夏天，王国维为清华学生作公开演讲，题为《最近二三十年中国新发见之学问》，在第三部分“敦煌千佛洞之六朝唐人所书卷轴”，他特意说明“皆巴黎国民图书馆之物，而英伦所藏，则武进董授经（康）、日本狩野博士（直喜）、羽田博士（亨）、内藤博士（虎次郎），虽各抄录景照若干种，然未有出版之日也”。可见当时日本学者抄录的英藏敦煌写本还在整理中，并没有刊发，所以王国维的学术成果有着“先行”的意义，特别是对敦煌写本中一些重要文学作品的早期整理、介绍、研究，不仅促进了相关资料的陆续刊布，也在一定程度上奠定了“敦煌文学”研究的基础。

王国维强调“古来新学问起，大都由于新发见”。他对敦煌写本的早期研究，树立了正确处理新材料、新方法、新问题三者关系及中、西学关系的榜样。敦煌藏经洞文献为世人展现了大量珍贵的新材料，同时也提出了许多崭新的课题，形成了“世界学术之新潮流”。由于西方学者运用了近代考古学、文书学及文化探源和比较文化的方法，即便在敦煌学形成的早期，对于中国学者来讲也已包含大量“西学”的元素了；

藏经洞中的文献仍以汉文化写卷占多数，但也有不少西域其他民族的文字与材料，包含许多文交融的资料与信息，既超出了“国学”的范畴，又要求研究者具备深厚的“旧学”功底。所以，用新方法、新材料来研求新问题，就成为敦煌学发展的关键所在。

王国维最为关注的就是那些在中国文学史研究中能提出新问题、新线索，得出创新性结论的内容，特别注意敦煌新材料与原有旧材料之间的异同、互补和渊源，从某种程度上来说，构建了中国文学史研究的新视角、新理论、新框架。后来有很多中国学者，如刘复、胡适、郑振铎、王重民等，都致力于敦煌俗文学作品的整理与研究，可以说王国维对中国“俗文学史”有着开拓之功。

谈殷周制度：政治与文化之变革

五帝时代和三王时代是中国早期文明的两个阶段，五帝是指少昊、颛顼、帝喾、尧、舜，三王则是指夏商周三代的开国君王，即夏禹、商汤、周文王。这两者的区别在于，帝是具有神性的，而王者乃是人王，他管理的只是人间的秩序。五帝时代的“帝”在三王时代朝向上、下两个层面分化：在上为上帝、神、天，在下为人王、天下的共主。从而产生了“天下”一词，作为对人王的统治区域的表述。

在《殷周制度论》的开头，王国维就说：“中国政治与文化之变革，莫剧于殷、周之际。”那么，就让我们跟随大师的思考，来深入了解这一问题。

从公天下到家天下的转变

上古时期的禅让制体现的是公天下，到了夏商周三代则改为家天下，在“家天下”的礼乐制度之内又蕴含着“天下一家”的理想。守天下以礼与取天下以德，这二者的有机结合成了周公政教思想的两个基本维度。

王国维在《殷周制度论》一文中提出了一个经典的论述，认为殷周之变具有格外重大的意义，他说：“殷、周间之大变革，自其表言之，不过一姓一家之兴亡与都邑之移转；自其里言之，则旧制度废而新制度兴，旧文化废而新文化兴。又自其表言之，则古圣人之所以取天下及所以守之者，若无以异于后世之帝王；而自其里言之，则其制度文物与其立制之本意，乃出于万世治安之大计，其心术与规模，迥非后世帝王所能梦见也。”王国维所谓的新制度，指的是奠定了中国文化基础的礼乐制度。这一由周公制定的制度文化，内容包括：“一曰‘立子立嫡’之制，由是而生宗法及丧服之制，并由是而有封建子弟之制，君天子臣诸侯之制；二曰庙数之制；三曰同姓不婚之制。此数者，皆周之所以纲纪天下。”其中最核心的是嫡长子继承制。

通过对殷的嗣典世系进行研究，王国维确认商王世系的 29 位王中，父传子的共有 10 位，由兄传弟有 12 位，将王位传给兄之子（包括堂兄之子）的共有 6 位。可见商的继承制度是“以弟及为主而以子继辅之”，在地位方面“商人兄弟相及，凡一帝之子，无嫡庶长幼，皆为未来之储贰”，商王室实行的是大家族制度，由当时的国王与他的各位儿子为主要成员，结合其他旁系近亲组成。由于大家都有可能继承王位，所以很容易引起争斗。而嫡长子继承制就将王的天子之位与诸侯的国君之位，“定之以天”，“任天而不参以人，所以求定而息争也”。

商代的封建制很松散，商王与诸侯之间属于联盟关系，天下在政治的统一性上相当松弛。到了周代，封建则有了进一步发展，“周人即立嫡长，则天位素定，其余嫡子庶子，皆视其贵贱贤否，畴以国邑。开国之初，建兄弟之国十五，姬姓之国四十，大抵在邦畿之外，后王之子弟，亦皆使食畿内之邑。故殷之诸侯皆异姓，而周则同姓异姓、各半，此与政治文物之施行甚有关系，而天子诸侯君臣之分亦由是而确定者也。”周王将自己的族人分封到各地，与被征服地区的土著人杂居，以此改变当地的社会结构，这样的制度促进了周在国家形态上的有了长足发展。封国使没有血缘关系的人们成为一个共同的组织，使原本毫无瓜葛的族氏之间产生了共同的政治经济利益，从而发展出了新的地缘关系。

确立“立子立嫡”之制的目的在于“弭天下之争”，而以封建亲戚、宗法庙数服术等制巩固周的统治，“家天下”正是这样的巩固维系之法：

是故有立子之制，而君位定；有封建子弟之制，而异姓之势弱，天子之位尊；有嫡庶之制，于是有宗法、有服术，而自国以至天下合为一家；有卿、大夫不世之制，则贤才得以进；有同姓不婚之制，而男女之别严。且异姓之国，非宗法之所能统者，以婚媾甥舅之谊通之。于是天下之国，大都王之兄弟甥舅；而诸国之间，亦皆有兄弟甥舅之亲；周人一统之策实存于是。此种制度，固亦由时势之所趋；然手定此者，实惟周公。原周公所以能定此制者，以公于旧制本有可以为天子之道，其时又躬握天下之权，而顾不嗣位而居摄，又由居摄而致政，其无利天下之心，昭昭然为天下所共见。故其所设施，人人知为安国家、定民人之大计，一切制度遂推行而无所阻矣。

文化上的礼乐并行

周公的礼乐制作，在于以礼乐的方式构筑“家天下”的政教结构。王国维指出，“贤贤之义，虽然在理论上乃是治天下之通义，但并不构成周公之礼乐制作的主要关切。但亲亲尊尊之义，确是周公制礼作乐之精髓”。

在“家天下”的政治结构下，统治集团内部的成员可以视为一个大家族。周天子和他的臣子虽是上下级关系，但并不直接通过政治的权威来进行控制，而是以“礼乐”进行维持。礼对不同等级之间的区分有严格规定，但是由礼所发出的要求是经过艺术化的，亦所谓的“文饰”，这便大大缓和了不同等级间的矛盾。因此，我们可以将礼理解为，既制定了上下之分，同时也沟通了上下之情。

礼以别异，乐以和同。由西周初年到春秋时期，礼乐是并行的。“凡制度典礼所及者，除家法、丧服数大端外，上自天子诸侯，下至大夫士止，民无与焉，所谓‘礼不下庶人’是也。”

礼是对文与节的要求，相对于素质较低的庶人阶层，显然是不太合适的。如果一定要用这些典礼作为对民的要求，不但达不到目的，可能反而礼崩乐坏。对此，王国维认为，

若然，则周之政治，但为天子、诸侯、卿、大夫、士设，而不为民设乎？曰，非也。凡有天子、诸侯、卿、大夫、士者，以为民也，有制度典礼以治。天子、诸侯、卿、大夫、士，使有恩以相治，有义以相分，而国家之基定，争夺之祸泯焉。民之所求者，莫先于此矣。且古之所谓国家者，非徒政治之枢机，亦道德之枢机也。使天子、诸侯、大夫、士各奉其制度典礼，以亲亲、尊尊、贤贤，明男女之别于上，而民风化于下，此之谓“治”；反是，则谓之“乱”。是故天子、诸侯、卿、大夫、士者，民之表也；制度典礼者，道德之器也。周人为政之精髓实存于经。

可见周的制度典礼，是对统治集团的自我要求，虽然对民没有礼的要求，但民会自发地向往礼。因此，周的礼乐既维护着周一家之天下的统治权，又最终上升到对民之“彝伦攸叙”的守卫，在统治策略之外，别有一番文明与文化的诉求。

谈嫡庶之制：
殷以前无嫡庶之制

殷以前无嫡庶之制。黄帝之崩，其二子昌意、玄嚣之后，代有天下。颛顼者，昌意之子。帝喾者，玄嚣之子也。厥后虞、夏皆颛顼后，殷、周皆帝喾后。有天下者，但为黄帝之子孙，不必为黄帝之嫡。世动言尧、舜禅让，汤、武征诛，若其传天下与受天下有大不同者。然以帝系言之，尧、舜之禅天下，以舜、禹之功，然舜、禹皆颛顼后，本可以有天下者也。汤、武之代夏、商，固以其功与德，然汤、武皆帝喾后，亦本可以有天下者也。以颛顼以来诸朝相继之次言之，固已无嫡庶之别矣。

王国维在《殷周制度论》中，对周代的封建制进行了详细介绍，这种不同于前代的政治制度，也带来了不同的宗法制度。

内朝廷而外宗庙

“商之继统法，以弟及为主而以子继辅之，无弟然后传子”，这样的制度很容易引起内乱，周公吸取历史教训，确立了嫡长子承继制。在这个制度中，核心是传子之制，“嫡庶之制，本为天子诸侯继统法而设”，“商人无嫡庶之制，故不能有宗法”。而封建子弟更是“与嫡庶之制相辅者”，所以王国维说“并由是而有封建子弟之制，君天子臣诸侯之制”。这里所说的“并”字，表明封建子弟之制、君天子臣诸侯之制，与宗法及丧服之制，同是因立子立嫡之制而产生的。

宗法及丧服之制虽然渗透在君统之中，但又有独立于君统之外而自为宗统的意义。嫡长子继承制带来了宗统层面的宗法丧服之制，以及君统层面上的封建子弟之制。在《礼记·表记》中被概括为“内朝廷而外宗庙”。

嫡庶之制只在大夫以上级别中存在时，约束的是天子、诸侯、卿大夫，王国维将此视为君统，但当此制度“通之大夫以下”时，“则不为君统而为宗统，于是宗法生焉”。

宗法概念的发展

宗法的“宗”，《说文解字》解释为“尊祖庙也”，清代学者段玉裁注云：“凡言大宗小宗，皆谓同所出之兄弟所尊也。”意思是说，在祭祀时由嫡长子主祭，这位嫡长子就是家族血统一脉相承的象征，在先祖面前是诸位兄弟的代表，所以他一方面有着比其他兄弟尊贵的地位，另一方面也要承担照顾其他兄弟的责任。这套规定嫡长子与其他兄弟尊卑有别，以及要承担责任义务的礼乐，就是宗法。

宗法以亲亲为基本原则，收族、敬宗、尊祖都是宗法的目的。宗法的亲亲原则贯穿于周朝政治与社会的方方面面，以君统来说，“惟在天子诸侯，则宗统与君统合”，王者是天下的大宗，所以可将天下都归于一宗，收于一族，从而同尊一个先祖。然而到了“大夫、士以下”，“宗法乃成一独立之统系”，“是故大夫以下，君统之外复戴宗统”。这样的宗统有着相对独立的意义，与君统再无关系，从此宗法成了社会层面上的伦理。

周的宗法与封建制度，同时实行于周天子与诸侯之间，之后又扩展到各国的贵族中间。周以外的氏族，也同样会受到宗法的约束，因为宗法本身就是以氏族社会为基础所发展起来的，所以，到了战国时期，在政治上中断的宗法，因为民间家族的逐渐壮大，而在社会上保存下来了。

商代也有“宗亲”的概念，但与周不同。商代贵族家庭的基本组织形式，尚保有着明显的传统母系家庭的色彩，即同父子女由家庭共同抚养，诸母皆为诸子之母，诸子皆为诸母之子，诸位母子之间没有亲生与否的观念，所以也不存在单线的亲属关系，亲属关系从父不从母。特别是在内婚群内，母亲们有主从之分但没有嫡庶之别，她们的孩子在身份上也没有分别。所谓同宗的“宗亲”，大抵只是表示按母系所确定的宗姓身份的，在同一家庭中并不特别具有区分亲疏的意义。商代卜辞祀典中提到的先妣都是先王的主妻，“妣”的位置可理解为“法定”，但并不具备后世所谓“嫡妻”的制度性含义。

嫡庶之制带来的等级差别

作为一个农业社会的国家，多子多孙自古就被视为一种福气，从流传下来的周朝民歌里面就可以看出来。如《诗经·周南·螽斯》：

螽斯羽，诜诜兮。宜尔子孙，振振兮。
螽斯羽，薨薨兮。宜尔子孙，绳绳兮。
螽斯羽，揖揖兮。宜尔子孙，蛰蛰兮。

螽斯就是蝗虫，这首诗以蝗虫来比喻生殖力的强盛，可见当时的社会多子多孙是理想的人间图景。但矛盾的是，对于一个统治者来说，多子多孙则成了喜忧参半的事情，众多子孙是王权稳定的保障，但众子争立也会引发动荡，周公制定出的嫡长子继承制，就从制度上解决了争储造成的家国不宁。

在宗法制度下，必须由嫡夫人所生的长子继承宗嗣。《公羊传·隐公元年》说："立適（嫡）以长不以贤，立子以贵不以长。"也就是说，立嫡夫人之子应选她的长子，如果嫡夫人无子只能立其他的儿子，应选地位尊贵的。可见"贵"是贵族选取继承人的主要标准，嫡长子继承制的确立，显然是为了把"宗子"继承的制度固定下来。

如果统治者没有合适的儿子可作为王位继承人，该怎么办呢？对于这种情况也有补充的办法，确立了另外的男性继承人的选择标准：

昔先王之命曰：王后无適（嫡），则择立长；年钧以德，德钧以卜；王不立爱，公卿无私，古之制也。（《左传》昭公二十六年载王子朝语）

太子死，有母弟则立之；无则长立，年钧择贤，义钧则卜，古之道也。（《左传》襄公三十一年载穆叔语）

嫡长子继承制剥夺了地位不够尊贵但德才兼备者继承大统的权利，更是对女性造成了永远的性别隔离。女性不具备政治权，继承权虽并非始于嫡长子继承制，而是从进入父系社会就开始了，但嫡长子继承制的确立，则是以制度化措施来对女性进行性别隔离的。从此，中国有了森严的等级划分。

谈史学：求事物变迁之际而明其因果

王国维将古今中西之学划分为三大门类——科学、史学、文学，“凡记述事物而求其原因，定其理法者，谓之科学；求事物变迁之迹，而明其因果者，谓之史学；至出入二者间，而兼有玩物适情之效者，谓之文学。……凡事物必尽其真，而道理必求其是，此科学之所有事也；而欲求认识之真与道理之是者，不可不知事物道理之所以存在之由与其变迁之故，此史学之所有事也；若夫知识、道理之不能表以议论，而但可表以情感者，与夫不能求诸实地，而但可求诸想象者，此则文学之所有事也。古今东西之为学，均不能出此三者”。

天下事凡其肇始皆出有源

20世纪初，随着西学东渐，中国传统文化受到强烈冲击。1902年，梁启超就在《新民丛报》上发表文章批评旧史学的“四弊”“二病”“三恶果”等弊端，大声疾呼号召“创新史学”。1919年，毛子水在《新潮》上发表《国故与科学精神》，批评“国故”和旧史学。张煊不同意这样的观点，创办《国故》杂志，与新文化新思想进行抗衡。新旧两派展开激烈交锋。1923年，胡适在北京大学文科研究所创办的《国学季刊》“发刊宣言”中指出：“国故”就是“国学”，包括“一切过去的文化历史”，他主张“打破一切的门户成见，拿历史的眼光来整统一切”，提出“研究问题，输入学理，整理国故，再造文明”的口号。王国维深受梁启超新史学观点的影响，又感于胡适“整理国故”的号召，坚持从历史出发，主张“欲知古人必先论其世，欲知后代必先求诸古”。

天下事凡其肇始皆出有源。中国社会的大动荡，乃是封建体制行将没落，新政体正欲走上历史舞台的必然。而学界的变化，乃是甲骨文与敦煌遗书被发现后，学术界自觉求新的趋势。

在这样的历史背景下，王国维自觉顺应学术潮流，以创新的学术方法和求新的学术心态，结合自身扎实的旧学功底，使自己得以立身于大师之列，成为中国学术史上一座难以逾越的高峰。

在甲骨文研究领域，王国维凭借名篇《殷卜辞中所见先公先王考》蜚声海内外。除了发明以称谓定时代的方法，王国维又将甲骨文缀合，对散乱零星的内容进行了疏理和整合，令后世得以了解殷人在祀礼上的差别，例如：对于有过特殊贡献的先公和直系的先王，祭礼会格外隆重，对旁系先王的祭礼则会稍减，有所谓大示和小示、太牢和少牢的区别，体现了宗法上的亲疏厚薄。

王国维的古史研究具有一个鲜明的特点——“考礼”。在《殷周制度考》中，他为后世考证出了“同姓不婚之制”，在《殷祭》中，他告诉世人，在商代已经基本实现了“一夫一妻制”婚姻制度。这样的考证，令我们对社会、文化的发展有了更好的把握。

通过对《尔雅》中草、木、虫、鱼、鸟、兽释例的研究，我们从中能够发现古史研究中蕴含的现代意义。人类文化源于对自然物的图腾崇拜，但并不仅仅局限于此，还在于对自然物的比照研究。

在研究历史地理学的《秦都邑考》中，王国维展示出一幅秦迁都之轨迹与国势发展的关系，为我们提供了一个影响现实、独具意义的发展着的历史缩影。

中国之所以成为现在的中国，原因要到历史中去寻找。

王国维的史学方法论

“二重证据法”是王国维在史学研究中提出的最重要的研究方法，按照陈寅恪的总结来说就是：“一曰，取地下之实物与纸上之遗文互相释证；二曰，取异族之故书与吾国之旧籍互相补正；三曰，取外来之观念与固有之材料互相参证。”这三点概括很好地体现了王国维的治史特点。相比于长久以来只对流传下来的古籍进行考证的方法，王国维的研究方法更具科学性。

地下材料中最重要、最具代表性的就是甲骨文和金文，同样也是王国维下力气最大的，要把这些资料同纸上材料相印证，主要是通过文字音韵训诂等手段来实现的。王国维在考证历史的过程中，把文字的训释与对史事、制度的考察结合起来，重视实据，强调“目验”，反对穿凿附会。此外，王国维在考证古史过程中还格外强调重视其他民族的文献，以此作为对本民族历史资料的补充。

古史新证的方法相比以前的考据方法，有了明显的进步，更具科学性。“二重证据法”的提出使人们对地下出土文物的重视程度大大提高，堪称中国现代历史学的第一个方法论，中国现代学术中考古学的建立，也与此有着脱不开的联系。

众所周知，近代是中国历史上从未有过的大转型期，这般“数千年未有之变局”不仅体现在政治经济结上，更深入于学术文化的各个方面。史学界的矛盾尤为突出，曾经被国人引以为傲的悠久历史遭到了强烈质疑，甚至遭到抛弃，传统史学面临着重重危机，“史学革命”应运而生。然而，“革命”之后，新的出路又在哪里？随着中国与世界的交流日益加深，国人的视野愈发广阔，于是“古史重建”与“重估价值”就成为了学界的普遍选择。

通常来说，所谓的“古史重建”专指上古史的重建。上古史一方面是中国历史的源头，中华文明的各方面问题都要从这里寻找答案；另一方面，这段历史的基本事实，以科学的眼光看来却是不确定的，难于构成信史。王国维的新史学牢牢地扎根于旧学之上，在面对新问题时，他大胆利用新材料，使传统经学走上了近代史学化道路，承前启后，中国学术从此进入了崭新的阶段。

谈疑古风气：学无新旧也

在王国维30年的学术生涯中，一向主张对古今中外的学术成就兼收并蓄。在对待学问的古今、新旧上，他认为“新”就是研究现今的问题，“旧”即研究历史问题。两者的出发点不同，认识也不同。从现实出发，“虽圣贤言之有所不信焉，虽圣贤行之有所不慊焉”。从史学上看，“其因存于邃古，而其果及于方来，故材料之足资参考者，且至纤悉不敢弃焉”。与此同时，王国维还说：“治科学者必有待于史学上之材料，而治史学者亦下可无科学上之知识。”王国维特别强调史学的价值，认为无论研究实用科学还是古史典籍，都要重视古今、新旧学问的互补与借鉴。

学无新旧中西之分，只有是非真伪之别

在中国传统学问与外来西方学说激烈交锋的社会背景下，王国维发表了自己独到的学识见解，他说：“今之言学者，有新旧之争，有中西之争，有有用之学与无用之学之争。余正告天下曰：学无新旧也，无中西也，无有用无用也。凡立此名者，均不学之徒，即学焉而未尝知学者也。”王国维主张学无新旧中西之分，只有是非真伪之别，提出知识没有国界的看法。他说：“居今日之世，讲今日之学，未有西学不兴而中学能兴者，亦未有中学不兴而西学能兴者。”在他看来，中西学问是互相联系相互促进，中学的发展离不开西学的促进，西学也同样受到中

学的启发，力主将古今中西融会贯通。

对于历史的是非真伪之辨，并不是近代才从国外传来，而是古已有之。

中国学者很早就对古书、古史发出过疑问，疑古思想的萌芽可以追溯到春秋时期。当时孔门十哲之一的子贡说：“纣之不善，不如是之甚也。是以君子恶居下流，天下之恶皆归焉。”意思是说，商纣王不一定如古史中描述的那样残暴，而是后人将天下的罪恶都归于纣王一身的原因。100年后，韩非发现儒、墨两家的多个分支学派都自称得孔、墨之真传，而孔子、墨子又称自家学说源于尧、舜，对此韩非发出质疑：“孔、墨之后，儒分为八，墨离为三，取舍相反不同，而皆自谓真，孔、墨不可复生，将谁使定世之学乎？孔子、墨子俱道尧、舜，而取舍不同，皆自谓真尧、舜，尧、舜不复生，将谁使定儒、墨之诚乎？”如果有人不顾历史真伪，不加以考证，就盲目相信某一学派的自我标榜，只能称之为“无参验而必之者，愚也。弗能必而据之者，诬也。故明据先王，必定尧、舜者，非愚则诬也。愚诬之学，杂反之行，明主弗受也”。韩非反对诸子百家的自我标榜，对他们的托古立说持怀疑态度。又过了大约100年，西汉的淮南王刘安及其宾客进一步指出：“三代之称，千岁之积誉也。桀、纣之谤，千岁之积毁也。”意思是说，被儒家推上神坛的禹、汤、文王、武王这些所谓的圣君明主，实际上未必有那么神圣，很有可能是被“千岁之积誉”粉饰出来的；而夏桀、商纣这样所谓的暴君，未必也真像书中所描绘的那样残暴，而是因“千岁之积毁”而遭到丑化。

除了质疑古史，刘安及其宾客还揭示出后人作伪的心理以及伪史、伪书产生的一个重要原因，即“世俗之人多尊古而贱今，故为道者必托之于神农、黄帝而后能入说。乱世暗主高远其所从来，因而贵之。为学者蔽于论而尊其所闻，相与危坐而称之，正领而诵之，此见是非之分不明”。于是，“今取新圣人书，名之孔、墨，则弟子句指而受者必众矣”。

司马迁著《史记》时发现了一个可疑的现象，殷商时期还没有三皇五帝的记载，年代更加久远的西周以后却多了起来。另外，“孔子因史文次《春秋》，纪元年，正时日月，盖其详哉。至于序《尚书》则略，无年月；或颇有，然可阙，不可录”。孔子作《春秋》所以年月日都记载得很详细，是因为有史文可参考；而《尚书》无所依凭，便没有确切时间了，只能持“疑则传疑”的谨慎态度。通过对孔子修《春秋》和《尚书》的比较，司马迁恪守了孔子所遵从的信史原则，并因此受到启发。在编撰《史记》时，面对有关上古历史的不同说法，司马迁力求通过对比考证，找到可信典籍、古老传说或历史遗迹作为依据的较为可信的历史真相，尽量做到“疑则传疑，盖其慎也”。

疑古思想，在两千余年的史学发展中不断发扬光大。与此同时，旧史学日益显露出的矛盾和萎靡，又加快了新一代学者大胆疑古、开拓新风的步伐。在五四浪潮与科学观念的激荡下，以顾颉刚为首的一批学者终于冲破传统史学因循守旧、固步自封的藩篱，掀起了震动一时的疑古风潮。

新证与疑古——王国维与顾颉刚的治史异同

王国维的《古史新证》和古史辨派代表人物顾颉刚的《古史辨》是 20 世纪 20 年代古史研究方面影响很大的两本著作。王国维和顾颉刚在治古史方面有不少共同点，在继承中国学术传统的基础上，又都吸取了西方的学术思想和方法。只是，王国维主要继承的是传统史学中对实物史料的运用，顾颉刚则更多继承了传统史学的疑辨的精神及成果。

中西学相结合的研究方法，令王国维和顾颉刚在对古史进行研究时，都具备开阔的视野，秉持客观的态度，不轻信古代经典，只以科学为准绳。他们二人都发现了中国古代史料中有颇多不可信的主观存在，这就是传说。顾颉刚特别强调对疑辨的精神的坚持，对已成定论的事物也不可盲从，一切都要经过考证之后才能确信。

王国维和顾颉刚在治古史学方面最主要的区别，就在于所用的方法不同。王国维研究古史用的是“二重证据法”，顾颉刚依赖的则是“历史演进的方法”，着重研究古史中传说的流变，通过寻找文献记载的差异，来研究古史是如何被修饰、被伪造的，从而揭露古史的虚假成分。顾颉刚的研究方法，可概括为以下几种：

第一，对关于某件史事的传说，按照先后出现的顺序依次进行排列。

第二，研究这件史事在不同的时代有什么不同的传说。

第三，研究关于这件史事的传说是如何演变的，譬如：由简单变复杂、由鄙俚粗陋变为典雅不俗、由地方性变为全国性、由神变为人、由神话变为史事、由寓言变为事实。

第四，如果可能的话，解释每一次演变的原因。

疑古派对传统史学的猛烈进攻，摧毁了旧的古史体系，在思想学术界掀起了一场革命。如顾颉刚自己所说：“我的《古史辨》工作则是对于封建主义的彻底破坏，我要使古书仅为古书而不为现代的知识，要使古史仅为古史而不为现代的政治与伦理，要使古人仅为古人而不为现代思想的权威者。换句话说，我要把宗教性的封建经典——‘经’整理好了，送进了封建博物院，剥掉它的尊严，然后旧思想不能再在新时代里延续下去。”

王国维之所以与顾颉刚在治史上采用的方法不同，是由于他们对史料运用的不同。“二重证据法”的重点是对实物材料的应用，而“历史演进的方法”则更为偏重对古籍材料的运用。后来随着出土文物越来越多，越来越多的学者开始重新评估中国古代文明的价值，我们国家的考古学终于走出了疑古时代。

谈丧服制度：“亲亲”“尊尊”“长长”及“男女有别”

《丧服经传》记述了天子以下，人死后相互哀丧的礼节、服饰根据亲亲、尊尊、名、出入、长幼、从服的原则，对丧服的等级、服丧的时间，以及亲疏隆杀的礼仪作了详细说明。王国维对此作出了概括，“曰亲亲，曰尊尊，曰长长，曰男女有别”。王国维认为该制度出自商代以后，因为：

无嫡庶，则有亲而无尊，有恩而无义，而丧服之统紊矣。故殷以前之服制，就令成一统系，其不能如周礼服之完密，则可断也。

“亲亲”与“尊尊”对宗庙制度的影响

王国维将丧服制度概括如下：

《丧服》中之自嫡庶之制出者，如父为长子，三年，为众子，期；庶子不得为长子三年；母为长子，三年，为众子，期；公为嫡子之长殇、中殇，大功；为庶子之长殇、中殇，无服；大夫为嫡子之长殇、中殇，大功；为庶子之长殇，小功；嫡妇，大功，庶妇，小功。嫡孙，期，庶孙，小功；大夫为嫡孙为士者，期，庶孙，小功；出妻之子为母，期，为父后者则为出母，无服，为父后者，为其母，缌；大夫之嫡子为妻，期，庶子为妻，小功；大夫之庶子为嫡昆弟，期，为庶昆弟，大功，为嫡昆弟之长殇、中殇，大功，为庶昆弟之长殇，小功，为嫡昆弟之下殇，小功，为庶昆弟之之下殇，无服；女子子适人者，为其昆弟之为父后者，期，为众昆弟，大功。

这样详细的制度，都出于嫡庶之制，在没有嫡庶分别的时代，无需这样复杂的制度。另外，没有嫡庶则没有宗法，所以便谈不上宗子于与宗子之母、妻之服。没有嫡庶和宗法，便谈不上为人后者，这样一来，为人后者为其所后及为其父母昆弟之服就没有用武之地了。于是，王国维断言："《丧服》一篇，其条理至精密纤悉者，乃出于嫡庶之制既行以后。自殷以前，决不能有此制度也"。

亲亲与尊尊，是周道的两大基本原则。"商人继统之法，不合尊尊之义，其祭法又无远弥尊卑之分，则于亲亲、尊尊二义，皆无当也。周人以尊尊之义经亲亲之义而立嫡庶之制，又以亲亲之义经尊尊之义而立庙制，此其所以为文也。"王国维将亲亲与尊尊的有机结合，视为周礼至文的依据。亲亲建立于尊尊之上，只不过以血缘、情感来对尊尊进行掩饰，令尊尊看起来温情一些；尊尊行使于亲亲表象之下，则能起到亲亲达不到的效果，在考虑到尊卑贵贱的同时，又辅以互敬互爱的思想，令各种行事都能又所依凭。

王国维首先从亲亲的角度介绍了宗庙制度，他说："由亲之统言之，则亲亲以三为五，以五为九，上杀下杀旁杀而亲毕矣。亲，上不过高祖，下不过玄孙，故宗法服术皆以五为节。丧服有曾祖父母服而无高祖父母服，曾祖父母之服不过齐衰三月。若夫玄孙之生，殆未有及见高祖父母之死者；就令有之，其服亦不过袒免而止。此亲亲之界也，过是，则亲属竭矣，故遂无服。服之所不及，祭亦不敢及。""至于亲亲之事，则贵贱无以异。以三为五，大夫以下用之；以五为九，虽天子不能过也。"

从尊尊的角度出发，王国维又援引了一些前人的记载："刘歆又云：'天子七日而殡，七月而葬；诸侯五日而殡，五月而葬，此丧事尊卑之序也，与庙数相应。'《春秋左氏传》曰：'名位不同，礼亦异数'，'自上以下，降杀以两，礼也。'虽然，言岂一端而已。礼有以多为贵者，有以少为贵者，有无贵贱一者。车服之节，殡葬之期，此有等衰者也。"周朝的宗庙制度，是亲亲与尊尊结合，"既有不毁之庙以存尊统，复有四亲庙以存亲统，此周礼之至文者也。"

"长长"和"男女有别"在丧服制度中的体现

"亲亲"和"尊尊"既是周礼的基本原则，也是西周立法的指导思想，"长长"与"男女有别"都是从"亲亲"衍生出来的。

文献中较早的有关丧服的记录，可见于《诗经·桧风·素冠》："庶见素冠兮，棘人栾栾兮。劳心抟抟兮。庶见素衣兮，我心伤悲兮。聊与子同归兮。庶见素韠兮，我心蕴结兮。聊与子如一兮。"这是一首赞美孝子的诗，其中所说的素冠、素衣、素韠指的都是丧服。因为桧国在公元前769年被郑桓公灭掉，由此可见丧服制度最晚已在西周末期形成，但无法确认是否为严格的五服制。到了春秋时期，关于丧服的记录就多了，反映出的丧服制度也愈发完备。

丧服除了五大等级还有六项原则，即《礼记·大传》中所说的：

> 服术有六：一曰亲亲，二曰尊尊，三曰名，四曰出入，五曰长幼，六曰从服。

决定服丧轻重的第一个原则就是血缘的亲疏远近，但对父母有别，为父亲斩衰为三年，为母亲齐衰为三年或一年。决定服丧轻重的第二个依据是身份地位的尊卑高下，在家庭中就是以父亲为尊，放在国家中就是以君王为君，即孟子所说的“内则父子，外则君臣，人之大伦也”。根据所获名义而决定服丧轻重是第三个原则，这项主要是针对女性来说的，概括来讲就是《礼记·郊特牲》所说的“妇人，从人者也。幼从父兄，嫁从夫，夫死从子”。“出入”即根据归属于哪个家属而决定服丧轻重，也主要是针对女性而言，如女子在家时，丧服与兄弟相同，出嫁后则增夫家之服减母家之服。按照年龄大小来决定服丧轻重也是一个原则，即孔颖达疏曰：“长，谓成人，幼，谓诸殇”，成人与否是一项非常重要的区分标准。从服就是根据某一间接关系来决定服丧轻重，例如男子因为妻子的关系而为岳父母服丧，是远轻于妻子为公婆服丧的等级的。

这样的制度既体现了亲疏也表现了尊卑，其中特别要注意的一条就是重长子而轻众子，这个长子多是指嫡长子，因为他是祖先正体之延续，具有宗庙之主的身份，是出于尊祖与宗庙之主的考虑。

综上所述，丧服制所规定的士家族的等级关系主要表包括：

第一，父与长子地位比其他家族成员更尊贵；

第二，直系尊于旁系；

第三，嫡尊于庶；

第四，男尊女卑；

第五，因尊祖而敬宗子。

在这些关系中最根本的还是第一点，即父与长子的至尊地位，另外四种等级关系都是由此而生的。丧服制度体现了父权制社会性别等级关系，又把社会性别制度转化成了社会生活的日常内容，最后逐渐演化为风俗。

第七章

上古之事，纸上之材料与地下之材料的二重佐证

——读王国维《考古学文辑》

从晚清开始，中国的传统学术迎来了转型期。王国维上有所承，下开新篇，继承了传统金石学的研究方法，又适逢近代地下文物大量出土的良机与中西学风激烈碰撞，取得了令人瞩目的学术成就。《王国维考古学文辑》包含了《简牍检署考》《古史新证》2 部论著，以及《殷周制度论》等 5 篇论文，是王国维考古学研究的经典合辑。

谈商周：制度与文化的新旧更替

王国维以甲骨文为资料治商周史，这在学术界是前无古人的创举。王国维注意用新材料、新方法解决新问题，在甲骨学研究方面取得了很多成就。他将甲骨文与其他史料相互勘正，在历史地理、祀典、制度、古文字、甲骨断代、甲骨缀合等研究方面均有创获，对学术界产生了巨大的影响。他在对殷王世系的考订方面取得了尤其卓著的成果，这不仅是他学术生涯中的最伟大的成就，在近代学术史上也是意义格外重大的。

王国维根据卜辞中的地名与古文献相印证，撰成《殷墟卜辞中所见地名考》；又结合古书与金文资料写成《三代地理小记》《鬼方、昆夷、猃狁考》《说自契至于成汤八迁》《说商》《说亳》《说耿》《说殷》等论文，进行了详尽的古代方国地理研究；他还对殷代的祀典进行了详细的探讨，他对殷代礼制的研究成果大大启发了后来对殷代文化制度的研究；在作《殷代制度论》时，则以甲骨文与古文献资料互相印证，探讨了中国古代社会历史和政治文化制度的演变。而他首创的“二重证据法”，至今仍有着重要意义。

社会变革的原因

在《说商》一文的开篇，王国维便提出“商之国号，本于地名”，又援引《史记·殷本纪》中的“契封于商”来为自己佐证。后世称盘庚以后，商改称殷。王国维认为，“中国政治与文化之变革，莫剧于殷周之际”，因为其本质是“旧制度废而新制度兴，旧文化废而新文化兴”。在殷周文化的关系上，历代学者都持不同看法。孔子就曾高度概括“三代”的文化制度差异，提出了“损益”的观点。《论语·为政》曰：“殷因于夏礼，所损益可知也；周因于殷礼，所损益可知也。其或继周者，虽百世，可知也。”所谓“损益”，包含着对继承和发展的否定，强调夏商周文化一脉相承的关系。此后汉代学者又具体化了“损益”的内容，提出了“文”和“质”的变化。后世学者对此不断地加以解释、引申，但都没有超越孔子的“损益”说，直到王国维在《殷周制度论》中提出了殷周大变革的创新观点。王国维在考察殷周之际的巨大变革时，吸收了西方的地理、民族等史学理论。

王国维从地理环境和族源特征两方面，说明了夏殷与周之间的文化差异，他根据“都邑者，政治与文化之标征也”，从夏商周都邑的分布考察其不同的文化地理环境。因为虞、夏、商皆居东土，所以夏、商二代文化具有一定的共性；而周独起于西方，因此商周间制度与文化的变革更为剧烈。

武王灭商后，作为西方盟主的周人怀着“天休于宁王，兴我小邦周”的心态成为了四方部族的主宰，要在这样从未有过的广阔领土内确立统治，周朝统治者不得不采取一些新的统治方式来适应变化。与此同时，周朝统治者也吸收并继承了一些商代的统治经验和制度政策，并反思了商朝骤亡的教训，总结了商亡周兴的原因。以此为契机，殷周之际的巨大变革就此开始。

周制与商制的具体区别

接下来，王国维对殷周之际的政治制度与文化形态上的变革，进行了具体的论述：

周人制度之大异于商者，一曰立子立嫡之制，由是而生宗法及丧服之制，并由是而有封建子弟之制、君天子臣诸侯之制；二曰庙数之制；三曰同姓不婚之制。此数者，皆周之所以纲纪天下。是故有立子之制；而君位定，有封建子弟之制而异姓之势弱、天子之位尊。有嫡庶之制，于是有宗法、有服术，而自国以至天下合为一家。

这三项变革相互影响，共同构成了殷周之际的制度文化差异。夏商时代的诸侯是具有军事联盟性质的氏族，而周代的分封制度是通过周天子册命诸侯，封土建国，构成的新的君臣关系、统治秩序，进而形成以周天子为中心的严格的等级制度和统属关系。王国维认为嫡庶制是周天子推行分封的原因，因为继承王位的只能是嫡长子，所以对其他儿子只能以封建安置。嫡庶制的确立，既是吸取了商代中丁之后“九世之乱”的教训，又是对管叔、蔡叔勾结纣王之子武庚叛乱的反思。为确保周朝统治的稳定，以周公旦为首的统治集团决定采取这样的政治举措，改变了商代“以弟为主而以子继辅之”的兄终弟及制。宗法制是一种将血缘关系与政权关系相结合的制度，通过宗法血缘关系使周天子拥有对天下的至高无上的统治权，与此同时也令不同等级贵族之间的关系法律化。“由嫡庶之制而宗法与服术二者生焉。商人无嫡庶之制，故不能有宗法”，正如王国维所言，宗法制建立在嫡长子继承制的基础之上，从天子到各级贵族的嫡长子均为“大宗”，诸庶子则为“小宗”，“大宗”

可以继承上一代的地位和权力，“小宗”则降级成为低一阶的贵族，如此便构成了一个牢不可破的宗族整体。

除了政治制度上的改变，周人也不再像商人那样一味地崇敬鬼神。周朝统治者认为，商之所以灭亡，其原因在于“失德”，从而丧失了天命。统治者要让上天满意，不仅对天要虔诚，更要做到“敬德保民”“明德慎罚”。将这种“敬德保民”“明德慎罚”的行为制度化、规范化就形成了礼制，也就是王国维所说的，“殷周之兴亡，乃有德与无德之兴亡，故克殷之后，尤兢兢以德治为务”。周人建立礼制，推行德治，并将其与他政治制度相结合从而达到“使天子诸侯大夫士各奉其制度，以亲亲、尊尊、贤贤、明男女之别于上，而民风化于下”，使“天子自纳于德而使民则之”的效果。

在王国维的诸多著作中，将中国上古文化分析得最为深刻，对后世影响最大的一篇论文，当属《殷周制度论》。

谈度量衡：度量权衡变迁之定例

自古以来，上至象征着皇权江山的礼器，下至寻常百姓家的日常用品，都离不开度量衡。其中的尺尤为重要，王宫官府调乐律、制冠冕都离不开它，历代官府推行租税制度，征收户调绢布也少不了尺的丈量，民间买卖布匹时亦是常用的度量单位。然而，尺的长度并非一成不变，王国维在《度量权衡变迁之定例》一文开始就说："度量权衡，自古讫今，皆由短而长，由小而大，殆为定例。"并大致介绍了历代尺的区别：

尺则汉建初尺，比元延尺长二分许。魏杜夔尺，又长于汉尺五分。晋前尺虽同于汉尺，而晋后尺则比晋前尺一尺六分二厘。宋氏尺比晋前尺一尺六分四厘。梁朝俗间尺比晋前尺一尺七分一厘。后魏前尺比晋前尺一尺二寸七厘，中尺比晋前尺一尺二寸一分一厘，后尺比晋前尺一尺二寸八分一厘。后用市尺与开皇官尺，皆同北魏后尺。唐亦如之。

古代的封建统治者在征收绢布时，为了满足自己的需要，常常增长尺度，刻剥人民。因此历代尺制的研究，深受历史学家的重视，亦成为古史研究领域重要的课题。

尺度的确立与快速增长

度量衡是衡量物质大小、容量、重量甚至价值的标准。我国的度量衡制度从产生到成熟再到完备，经历了漫长的发展过程，并始终与社会的发展变迁紧密联系。度量衡制度在萌芽于新石器时代晚期，到夏朝时就有了尺、寸等概念。春秋战国时期，奴隶制走向终结，封建制度逐渐兴起，战国晚期检校制度的成熟标志着度量衡制度最终成熟。此时，各地诸侯国的度量衡制度虽各具特点，但在长度、容量、重量的计算上已趋向统一。秦始皇统一度量衡的举措，在我国历史上产生了深远影响。两汉时期，随着封建制度的逐渐完备，度量衡制度也最终确立，影响了中国约 2000 年的五度（分、寸、尺、丈、引）、五量（龠、合、升、斗、斛）、五权（铢、两、斤、钧、石）的单位体系已经完全成熟。

在看古代的文学作品时，我们经常会发现对古人身高的描写，譬如《邹忌讽齐王纳谏》文中曰“邹忌修八尺有余”，《隆中对》则称诸葛亮“身长八尺”。按照我们现在的尺寸来算，邹忌和诸葛亮简直都是巨人了，这当然不可能。之所以会有这样的古今差别，是因为尺的长度一直在增加。王国维通过对古代器物的搜集与研究，分析了汉代以来历代尺度的增长 .

此外，王国维还发现，“自周汉以来，布帛皆以四丈为一匹”，但在社会极端动荡的南北朝时期“不独增尺法，又增匹法”。直到隋唐，尺度才算稳定下来。在考察古物的过程中，王国维发现“今世所传宋三司布帛尺，较隋唐官尺为短，似出前例之外”，不过仔细研究后会发现并非如此，“然自古讫唐，绢之定制，皆以四丈为匹，宋以四丈二尺为匹，尺法所减，以匹法偿之而有余。宋尺稍短，职是故也”。

尺度的稳定

宋朝尺制沿袭唐旧制，虽有所增加，但并不多。元代的租税制度是我国历史上最为混乱的，虽然叫“丁税”“地税”等，其实只是沿用了唐宋的名称而已，与唐朝的租庸调制度并不是一回事。而且，元代丁税、地税都是征收谷粟，户税则是征收丝料，交纳谷粟和丝料，用量衡不用尺。正如王国维所言，金元以后，政府已不再“课绢布”，于是官吏很难再以“惧其减耗”为借口，而像两晋到北魏时期那样任意增匹增尺，以此刻剥百姓。

到了明代虽也有布缕之征，但通常还是折合成谷物缴纳的，尺度和宋代变化不大。明代学者郎瑛的《七修类稿》中也说“明官尺依布帛尺”，可见明尺确是沿袭唐宋旧制的。清代的营造尺也就是近代通用的营造尺，与明代相比并没有什么变化，对此王国维评价说：“自元以后，不课绢布，故国朝工部营造尺，反短于明尺，惟量地藩尺独与明尺同。盖因清丈之事，最易扰民，故特用长尺以优之。此与古代调绢增尺之故，大相异也。”可以说明清尺制都是承袭唐宋旧制的。

综上所述，我们可以看出，中国历代的尺度变化都与当时的社会环境有着紧密的联系。

谈尺度：
历代尺度与社会

王国维治学严谨，涉猎广泛，在古文字学、敦煌学、古器物、汉魏碑刻、商周史、汉唐史等古史研究方面均有深厚造诣，对历代尺度，特别是对唐宋尺度亦做过缜密的考证。唐代是我国历史上极具代表性的一个时期，也是王国维很感兴趣的研究方向。他将在日本与中国境内出土的尺度文物相互考证，并将唐尺与之前、之后的历代尺度进行比较，探究其增长率，并以此评价各朝时政，在古器物和历史研究方面做出了很大贡献。

唐之尺制全出周隋

对古器物制度的研究从宋代就已开始，到了清代变为彝器款识古文字之学，涌现出多位以古器物研究尺度的著名学者。王国维为了深入研究古史，也很留意礼器百物制度。他的古器物制度研究，深受清代金石学家程易畴、吴大澂的影响，广泛收集从汉到清历代古尺实物，详加比较后对历代尺度的增长率作了全面的分析评论。

王国维的《六唐尺摹本跋》撰于 1922 年，到 1926 年写《记现存历代尺度》等跋论时，他所掌握自汉讫近世历代尺度实物、拓本、摹本，远比吴大澂要多，这对他开展唐尺和历代尺度的系统比较大有助益。在王国维以前，少有对唐尺长度及其与前代尺度渊源、比例的记述，王国维在《六唐尺摹本跋》中首先提出唐代尺制完全由周隋而来的说法，“《隋志》谓开皇尺，即后周市尺，当后周铁尺一尺二寸。周、隋时，以铁尺调律，以市尺当官尺供公使用。唐制即出于此”。

吴大澂与王国维都曾亲测唐尺，但差了 6 厘米。这并不是错误，而是唐尺有大小之分的缘故。春秋战国时期，各诸侯国的度量衡制很复杂，直到商鞅变法时才统一了秦国的度量衡。秦始皇灭六国统一中国后，以商鞅制定的秦国的度量衡制为标准推行全国，“一法、度、衡、石、丈、尺”，统一了中国的度量衡制。秦汉时期，征收赋税主要收的是谷物和钱币，尺的用途主要是调乐律、测晷景、制冠冕等，要维护礼制的准确，尺自然也得稳定。南朝萧梁时，调律用的表尺和民间常用的俗尺开始有所区别。后周时大尺、小尺并用，隋代尺制承后周旧制，同样是大、小并用，唐代的尺制又承周隋旧制，依然是大、小并用。所以吴大澂与王国维算的都没错，小尺是用来调钟律、测晷景、合汤药、制冠冕的，大尺则是内外官司和民间日用的常用尺，即王国维在《唐用开皇官尺》一文里所说的：

汉尺传世者虽有二种，有唐一代之尺，则反无存，史亦不言唐尺与前代尺之比例，余其即用开皇官尺。何以徵之？《唐六典》金部郎中职言：“凡度以北方秬黍中者一黍之广为一分，十分为寸，十寸为尺，十二寸为大尺，十尺为丈”云云，“凡积秬黍为度、量、权衡者，调钟律，测晷景，合汤药及冠冕之制则用之；内、外官司悉用大者。”

尺度与社会

王国维在对唐以前和唐以后的历代尺度进行比较研究时，注意到一个现象，从汉到明清历代尺度越来越长。在唐以前的阶段，东晋后魏之间的增长速度尤其快，而隋唐，一直到唐以后增长得则较为缓慢。

王国维在《记现存历代尺度》一文中提到，根据《隋书·律历志》的记载，他将魏晋至后魏之间历代尺度与晋代之前的尺度作比较时，列了一个增率表，发现“其增率之速，莫剧于东晋后魏之间，三百年间几增十分之三”。那么，东晋后魏之间的尺度增长率如此急剧，是为什么呢？清代学者阮元在《积古斋钟鼎彝器款识商周兵器》中说：“古度量衡短小且轻，今度量衡长大且重，又何也？自古利权皆自上操之，官吏之征银帛粟米也，未有不求赢者，数千年递赢之至于如此，此亦不得然之势也。”王国维在此基础上进一步研究，认为东晋后魏间尺度之所以快速增长，和权衡量的增率一样，都源于盘剥人民的租调制度以及征收租调的贪官污吏。魏晋以后，内乱外患相继爆发，封建统治者的需求越来越高，而贪得无厌、目无法度的官吏又横征暴敛，于是租调定额总是有增无减。

过去的布匹，以二尺二寸为幅，四丈为一匹，六十尺为一端。后来随着政治腐败，就不依照尺度了，而且愈演愈烈。到了北魏初年，官吏横暴，甚至将绢布匹长从原来的“四丈”增至“七丈”“七、八十尺”，还借口“惧其短耗”，在“增匹”的同时又“增尺”，人民苦不堪言。终于，孝文帝元宏改制，在延兴三年（473）秋七月，要求严立制度，《魏书·高祖纪》载“改长尺大斗，依《周礼》制度，班之于天下”，并提出“违者罪，各有司不检举，与同罪”。

隋朝建立后，隋文帝下令轻简课役，将原来四丈为一匹的调绢减为二丈，唐尺承周隋尺之旧制，隋唐以来虽然百姓负担减轻不多，但“增匹”“增尺”这样的弊政要少得多了。唐宋和魏晋南北朝同样施行的是征收绢布的庸调制，但在尺度的表现上却大不相同。这是因为，唐代的中央对地方的统治能力较强，对各级官吏能够严密控制，社会比较安定，正如《宋史》所说："有唐享国三百年间，其间制作法度，虽未逮周汉，然亦可谓治安之世矣。"

谈亳：古地以亳名者，甚多

“亳”这个字在古籍中多有出现，如《孟子·藤文公下》载“汤居亳，与葛为邻”，《后汉书·东汉郡国志》载“梁国谷熟县有南亳，宁陵有葛伯也”，《史记·殷本纪》载“乃遂涉河南，治亳，行汤之政，然后百姓由宁，殷道复兴”。亳是帝喾及商朝的都城，也是汤所盟之地。那么，亳究竟在什么地方呢？王国维在《说亳》一文的开头就援引了晋代皇甫谧的“三亳说”和“西亳说”：

南亳在榖熟，即汤都，北亳在蒙，即景亳，汤所受命地，偃师为西亳，即盘庚所徙，三处之地，皆名为亳。

关于汤都亳城虽然说法很多，但最具影响力还属皇甫谧的观点。皇甫谧的三亳说，其实是一亳说，即只有南亳才是真正的商汤都城。北亳在蒙，即景亳，也就是汤受命的地方；偃师为西亳，即盘庚所徙。“受命地”“盘庚所徙”，均非汤都。于是皇甫谧又进一步论证说：“孟子称汤居亳，与葛为邻。葛伯不祀，汤使亳众为之耕。葛即今梁国（即今商丘）宁陵县之葛乡也。若汤居偃师，去宁陵八百余里，岂当使民为之耕乎？亳，今梁国榖熟县是也。”而王国维却彻底否定了这样的说法，他说，南亳“古籍无征，汉以后亦不见有亳名”。那么，学界对这样的论断是否认可呢？

汤都北亳之疑

王国维否定了皇甫谧的说法，提出了自己“汤都北亳”的观点。为了证明自己的观点，他首先列举了春秋时发生在宋国，而与“亳”相关的事件。“左氏庄十一（应是十二）年传，宋万弑闵公于蒙泽，立子游。群公子奔萧，公子御说奔亳，南宫牛、猛获帅师围亳。冬十月萧叔大心及戴武宣穆庄之族，以曹师伐之，杀南宫牛于师，杀子游于宋，立桓公。猛获奔卫，南宫万奔陈。”王国维因此推测说：“则亳与曹接境，曹师之伐，先亳后宋，猛获在亳，故北奔卫，南宫万在宋，故南走陈。”然而亦有学者认为王国维的解释过于牵强，征战之事复杂得很，并不是仅仅根据距离远近而定，天时、地利、人和都是影响策略制定的因素。著名语言学家杨伯峻认为，王国维在举例时忽略了一些重要条件。

第一，当时宋强曹弱，曹军没有独自攻打宋城的能力；第二，当时身为闵公弟弟的公子御说有能力和南宫牛、猛获在阵前对垒数月，由此可见公子御说当掌握着相当的军事力量；第三，从“萧叔大心以及戴武宣穆庄之族，以曹师伐之”一句可以得到两个信息，一是御说得到了宋氏各大家族的支持，二是御说、萧叔大心等和曹师已有联系或是盟约；第四，曹师是在围亳数月之后才受宋人之邀出兵的，其主要任务是帮助宋人解亳城之围，至于“杀南宫牛于师，杀子游于宋，立桓公”就是宋人自己的事了。所以“先亳后宋”之说，应是指事态发展的过程，而没有证据是指曹师的用兵路线。

“猛获在亳，故北奔卫，南宫万在宋，故南走陈”，王国维以此依据，推断“亳与曹接境”，其实也未必。古代学者在考证“宋御说奔亳”

时，很多认为这个亳乃是南亳。郦道元在《水经注》“涣水又东径城北”一文下引《十三州志》注曰：“汉武帝分谷熟置，春秋庄公十二年宋公子御说奔亳者也。”当年在宋国北部的蒙泽，国君被杀，多位大臣殉难，公室贵族纷纷外逃，公子们都逃到宋都东南的萧地去了，公子御说自然也当往更安全的南方逃，而非去危险的北方。因此，王国维说南亳在历史上没有记载，而将此推断为北亳，还有待商榷。

郦道元驳北亳说

综观汤都亳城的研究史，王国维的北亳说其实源自晋代杜预的“蒙县西北有亳城”，然而这一观点其实在唐宋时代就已被否定。北魏郦道元在《水经注》中对蒙县西北贯城十分肯定地写道：“俗谓亳城，非也。”“今于此地更无他城在蒙西北，惟是邑耳。”显然是针对杜预的观点所发。

汉人桑钦在著《水经》时，记载流经商丘南的睢水和涣水，都提到了“通亳城北”，而记载流经商丘北的汲水、获水时，却不曾提过“亳城”二字。到了郦道元的时代，已经出现南亳、北亳之说，所以在为《水经》作注时他尤其仔细地作了考察。《水经》的记载和郦道元的注释，都明明白白地表示：汉山阳郡的薄县，在商丘县以南，商丘北从来没有过亳城。

在桑钦写《水经》时，作为县治的薄尚在，没有漏记的理由。郦道元作注时，离薄县撤销的晋代年代也并不久远，虽然薄已经不作县治，但作为一般乡镇肯定还是能找到的。这个地方究竟在是商丘南在还是商丘北，考察起来并不困难，所以关于传说中亳城的位置，想必是不会弄错的。王国维作《说亳》，在提到北亳时，他说，“晋时县治虽废，而尚有亳城”，却没有拿出可信的证据。

当代美籍华裔考古学家、哈佛大学教授张光直说：“以亳为名的地点在华北各省中虽然很多，但学者对汤都之亳所在地的说法，可以说是相当一致的，即把它放在河南东部商丘县之南，安徽西北角亳县之北。”

谈中国新发现之学问：
甲骨文及古外籍遗文

郭沫若曾说：“王国维……遗留给我们的是他的知识产品，那好像一座崔巍的楼阁，在几千年来的旧学的城垒上，灿然放出了一段异样的光辉。”王国维在清华研究院作《最近二三十年中中国新发见之学问》的著名演讲中就已明确指出：“古来新学问，大都由于新发现。”考古发现使我们对书面文献的研究进入了一个新时代。在《古史新证》里王国维亦说：“吾辈生于今日，幸于纸上之材料外，更得地下之新材料。由此种材料，我辈固得据以补正纸上之材料，亦得证明古书之某部分全为实录，即百家不雅训之言，亦不无表示一面之事实。”历史已经，并且还将继续证明，这个见解是多么的平实而又多么的深刻。

甲骨文的发现

1899年秋，一位姓范的古董商按照约定找到了时任国子监祭酒的王懿荣，为他带来了一些龟甲。年过半百的王懿荣当时已执掌国家最高教育机构多年，是一位名闻朝野的饱学之士，金石学造诣尤其深。《清史稿》里亦提道：“懿荣泛涉书史，嗜金石。”在当时的收藏界，王懿荣名望极高，有“得公一言，引为定论”的名望。

因为甲骨文和铸在青铜器上的金文有很多相通之处，深通金石文字的王懿荣，很快就认出龟甲上并非普通的刻痕，而是一种比金文更加古老的文字。“见之狂喜”王懿荣开始以重金收购这种有刻痕的龟甲。然而可惜的是，第二年八国联军攻占了北京城，王懿荣还没来得及对甲骨文展开深入研究就投井殉国了。

王懿荣殉难后，王家人为了还债，把他所收藏的大部分甲骨转让给了他的好友，也就是《老残游记》的作者刘鹗。1903 年，刘鹗从这些甲骨中精选出1058片，石印出版了我国第一部著录甲骨文的著作——《铁云藏龟》，令甲骨文从私家收藏变成了公开的研究资料。在《铁云藏龟》中，刘鹗第一次提出甲骨文是“殷人刀笔文字”的论断。他认为“钟鼎之有象形者，世皆定为商器”，甲骨中象形之字很多，而且其中的“祖乙”“祖辛”“母庚”等字样“以天干为名，实为殷物之确据也”。

然而，对于甲骨文这一伟大发现，当时很多人并不相信。

震惊世界的甲骨文研究

从康有为提出“六经皆伪”开始，史学界的疑古精神越来越重，对古史抱怀疑态度。章太炎是古文经学家，精通语言文字音韵学，但他却不相信甲骨文，认为甲骨文不是真的，所以对通过研究甲骨文进而研究历史的方法持否定态度。王国维与疑古派不同，他认为古代传说虽有不真的成分，但仍有一定的可信度，具有史学研究的价值。王国维治学又不同于乾嘉学派，乾嘉学派研究语言文字学是为了通经，而王国维研究语言文字的目的则在于考史。

甲骨出土时容易脆裂，很多都碎成了小片。王国维是最早对甲骨进行缀合的人，他从几千个小片甲骨中找出属于同一板块的黏合在一起，形成能够读通的大段文字。这大大提高了甲骨文辨识和研究的效率。此时正值疑古之风盛行，王国维利用新发现的甲骨文考证出殷商先公、先王的姓名及前后顺序，印证了《史记·殷本纪》的可信性，把中国信史向早推进了1000多年。对此，郭沫若评价说："我们要说殷墟的发现是新史学的开端，王国维的业绩是新史学的开山，那样评价是不算过分的。"

正如罗振玉所说："龟虽寿三千岁，永不朽在文字。"100多年来，经过几代甲骨学学者的薪火相传，在迄今已发现的4500多个甲骨文单字中，依然有大约3000个无法释读。有学者把分辨出每个甲骨文单字比喻为发现一颗超新星，可见其难度之大。罗振玉曾将当年未能识别字编成《殷虚书契待问编》公诸于世，他满怀希望地说："今日所不知者，异日或知之。在我所不知者，他人或知之。"

将汉文与外文结合的研究

王国维做学问，很注重对"外文"材料的使用，这里所说的"外文"，既包括外国的文献，也包括本国少数民族的资料。

王国维曾对我国西北地理，以及古代蒙古地区各游牧民族的历史进行过广泛的研究，他利用汉晋木简、敦煌文献、碑文以及外国人的著述，加以比较、校勘、考证，获得了重要的研究成果。譬如罗振玉、王国维合撰的《流沙坠简》一书，便是建立在英籍考古学家斯坦因的发现与法国汉学家沙畹的整理之上，考证出了西域著名古城楼兰的位置及其兴废历程，以及玉门关的位置所在，等等；《高昌宁朔将军曲斌造寺碑跋》《九姓回鹘可汗碑跋》《书虞道园高昌王世勋碑后》《唐贤力苾伽公主墓志跋》等文章，是他通过碑文、墓志铭文考证古代蒙古地区突厥、回鹘等族的历史；在写《鞑靼考》《黑车子室事考》等文时，他阅读了大量宋、辽、金、元等不同时代不同地区的汉文史籍，参考了诸多学者的专著，还引用了到清代时已鲜有人懂的《蒙文元朝秘史》、波斯伊儿汗国宰相拉施特以波斯文写成的中世纪世界通史《史集》、意大利人马可·波罗口述的《马可·波罗行记》，以及对日本学者那珂通世的著作进行比较、校勘、证订，然后，得出谨慎的论断。

20世纪的诸多考古发现，不仅证明了先秦、秦汉以来的许多传世古籍并非不可信，有些书的形成年代甚至还可往前推，而且还进一步证明了中国的文明史可以由西周一直向前追溯到五帝时代。这一事实也令人们对萌芽于宋代，发展于清代，盛行于20世纪二三十年代的疑古思潮有了新的认识。

谈斯坦因：长城故址汉简

马尔克·奥莱尔·斯坦因，原籍匈牙利，1904 年入英国籍，是世界著名考古学家、艺术史家、语言学家、地理学家和探险家，也是国际敦煌学开山鼻祖之一。他是敦煌文物最早的研究者与公布者之一，曾分别于 1900~1901 年、1906~1908 年、1913~1916 年、1930~1931 年进行了著名的 4 次中亚考察，考察重点是我国的新疆和甘肃，其发现的敦煌吐鲁番文物，以及其他中亚文物，时至今日，这些文物仍是国际敦煌学研究的重要资料。

敦煌汉简的发现

王国维在敦煌学方面的研究，许多资料都是从斯坦因手中获得，譬如 1914 年罗振玉和王国维共同发表的《流沙坠简》，就收录了 1907 年敦煌新发现的汉简 588 枚。王国维这样记录着当年的发现：

斯坦因博士第二次游历中亚细亚时，于敦煌西北古长城故址，得汉代木简数千枚，其文字可读者尚近千枚。携归英伦后，即刻寄法国沙畹教授处，属其考订。早有发行之说，至今未果。盖简数太多，尽失编次，欲整齐次第，复还旧观，良非易事。其迟迟出版，非无故也。长城古简中有字书，然非《急就篇》，意当为《仓颉》、《凡将》、《训纂》、《滂喜》

诸书也。考汉时版牍，但为奏事移文通问之用，其写书皆用竹帛。此乃用木，盖西北少竹，故以木代之欤。斯氏此行，又于长城遗址下掘得汉帛二条。一条广汉尺尺许，长寸许，其上有二十八字，云“任城国古父绸一匹，幅广二尺二寸，长四丈，重廿五两，直钱六百一十八”。其一条广汉尺二尺二寸，长寸许，绸有波纹。此三年前余友自巴黎贻书来言如此。然古绸字非帛名，疑本文当作紬。又汉任城国食任城、樊、亢父三县。“古父”本文，当作“亢父”。至此紬所记之长短广狭价值均与古书所记者密合，余另有《古代布帛修广考》，文繁不录。

敦煌汉简的发现，与敦煌独特的地理位置和悠久的历史脱不开干系。汉王朝征服西域后，为加强统治，并维护汉与西域诸国的沟通，在疏勒河下游修建了塞墙、烽火台和堡垒，这就是我们今天仍能看到的汉长城。汉长城的作用除了抵御匈奴南侵，还为过往的商队、使节、官员提供食宿与安全保障。然而随着汉王朝的没落，这段长城也失去了往日的辉煌，终于被历史遗忘在黄沙之下。当年对日常生活与军事管理的记录主要使用简牍，这些珍贵的记录在干燥的环境下被保存了下来

王国维提到的斯坦因第二次中亚之行，是第一次冒险的继续。1907年3月，做好充分准备的斯坦因穿过罗布泊继续东进，顺着古河道的盐质地带一直走，终于到达了长城的西端，并在此处发现了了不起的东西——“那是一座用硬土砖造成，高达二十三呎左右，保存比较完好的碉堡。”继而，又在塞墙和烽火台的周围，发现了后来被称为“敦煌汉简”的写有汉字的小木片。斯坦因尽快赶到敦煌，竭尽所能雇到了十二名民工，他带领这些民工在之前发现木简的地方又有了更多的新发现。

斯坦因并不懂汉字，最初对这些木简以及木简历史价值的认识，

是通过他的助手蒋师爷蒋孝畹完成的。斯坦因这样记录了他们当时的收获，“那些有字的小木片上有许多证明是有年代的，据我的中文秘书检阅的结果，所有这些年代都是在西元后第一世纪，我们因此更为兴奋。这里的边墙遗址在前汉时候便已为人据有，而我手中所有的是中国写本文书中最古的东西，那是确实无疑的了。”“木简的性质差异很大：有关于军事统治简单的报告同命令；收到器械给养一类特件的呈报；私人的通信之类。此外还有学校字书以及书法练习一类的残片。”

汉简价值的彰显

这些木简运到伦敦后便保存在英国国家博物馆中，至于汉文献整理与简牍释文的工作，斯坦因则交给了法国的著名汉学家沙畹。斯坦因此次带回的东西有二百余件之多，沙畹接手后，首先用放大镜将木简进行统一的梳理，区别哪些有字哪些没字，然后才进行释文，几易其稿，最终按照年代排出序列。

这批资料不仅是当时发现的年代最久远的真正汉文文书写本，而且其中3张纸的年代可以追溯到公元2世纪，这无疑也是最古老的纸张，无论上面的文字记录了什么内容，仅仅这些纸就已具有极高的意义与价值。

这批敦煌汉简的发现，在中国学界引发了极大的震动。在罗振玉、王国维二人合著的《流沙坠简》序言中说：“光绪戊申（1908~1909）予闻斯坦因博士访古于我国西陲，得汉晋简册，载归英伦。神物去国，恻焉疚怀。越二年，乡人有自欧洲归者为言，往在法都亲见沙畹博士方为考释，云且版行。则又为之色喜，企望成书，有如望岁。”

东方学是近代西方学者研究亚洲和北非等地区政治、经济、历史、文化的综合学科，源自 16 世纪以来的西方传教士、商人等关于中国及东方各国风土人情的记载。到了 17 世纪末，欧洲出版发行了许多东方典籍，并创办了教授东方语言的学校，培养了大量研究东方语言、历史的专门人才。19 世纪之后，随着对东方历史文化研究的不断深入，英、法等国相继成立了亚洲学会，美国、德国等国家也成立了东方学会。1811 年俄国人普丁谢夫来到我国新疆地区进行“探险”，从那以后，更多来自欧洲各国的学者，受本国政府及组织的派遣，组成各类“探险队”，令我国珍贵文物大量流失。

敦煌汉简流失海外令人“恻焉疚怀”，但中国学者又急切地期盼着资料的发布。1912 年沙畹提供了手校本之后，罗振玉与王国维即刻联手，据此作了释文考证，并于 1914 年在京都率先出版了《流沙坠简》，成为中国人研究简牍的开山之作，至今仍是研究者必备的工具书之一。

这批汉简的发现，使 20 世纪的人们能够亲眼看到两千年前真正的汉代文书，随着人们对简文的认识、理解而日益加深，这些简书也愈发受到重视。曾经，王国维与沙畹等人都认为汉代的玉门关在敦煌以东，而汉简的发现却告诉人们，玉门关在敦煌西边，而且位置未曾移徙。随着时间的推移和简牍学的发展，或许在不远的将来还会有更多的谜团会被解开。

谈宋代金石学：
搜集、传拓、考订及应用

“金石学”是中国古已有之的一门学问，“金石”“金石之学”“金石学”虽然在各个时期的含义有所不同，但在传统学术门类里始终占有一席之地。自先秦开始，我国就有了一套不同于西方近代学术分科体系的独特的学科分类和知识系统，主要集中于经、史、子、集“四部”框架之中。这套“四部”知识系统，发端于秦汉，定型于隋唐，到明清趋于完善，最终以《四库全书总目》的分类形式确定下来。

研究金石的学问，东周时就已出现，到两宋时期达到第一个高峰，金石研究逐渐成为一种专门的学问，到清代乾嘉时期达到第二个高峰。金石之学随着考据之风气兴起而蓬勃发展，学者们通过考察新出土的古物铭文，大有收获。

西方近代考古学理论和研究方法的引进，对传统金石学研究产生了巨大的影响。中国学者发现，传统金石学研究无论在内容还是方法上，都存在着弊端。譬如：传统金石学的研究对象是古代铜器和石刻，范围小而内容少，在对器物或石刻进行研究时，通常只注意有文字内容的器物，却很少着力于器物的形制、纹饰等方面，更没有进行断代的研究，因此传统金石学很难发展出完整系统的学科体系。此外，金石学的研究很多是以文献证文献，过于依赖古籍著录，缺少实物上的实证，所以存在不少错谬。近代金石学家已经开始意识到这些局限，尝试借科学新方法来研究金石学，将传统金石学研究带往更为科学和系统的方向。罗振玉、王国维二人便是其中的佼佼者。

宋代金石文化的构架

1911年辛亥革命后，清政府解体，王国维携全家随罗振玉东渡日本。旅日期间王国维随罗振玉研究古文字、古器物，对金石文化进行了深入的钻研。在《宋代之金石学》一文中，王国维称:“其于搜集、著录、考订、应用各方面无不用力，不百年间遂成一种之学问。”

宋代的金石文化与两汉的经学文化、魏晋的玄学文化有所不同，具有新的构架。

首先，从搜集的角度来说，收藏器物在当时的社会上蔚然成风。收藏品丰富的“累数至万余”，热衷于收藏的，如“当南渡之初，国势未定，而高宗孜孜搜集古器”于榷场。一国之君都醉心于互市上的古物，更何况其他人。宋人的收藏种类丰富，除金、石以外，还兼收瓦当、木简等，“无不在当时好古家网罗之内”。

其次，从传拓及著录的角度来说，宋人对于金石学发展的贡献不仅是搜集，最主要的还是通过传拓和著录加以“流通”。对此，王国维说:“今宋代藏器已百不存一，石刻亦仅存十分之一，而宋人图谱目录尚多无恙，此其流传之功千载不可没者也。”当时的著录种类基本上已经完备，有的只记录了器物上的文字，有的连形状也画上了。“然拓本流传自不能广，于是有刊木刊石之法”。

再次，从考订论的角度来说，宋人对古器物上的文字，以及器物的形制、命名作了详尽的研究。王国维认为，在语言文字考订方面，宋人不仅鉴往知来、导夫先路，而且是“近世阮元、吴荣光诸家未有以远过之也”。谈到形制与命名，则“形制之学实为宋人所植场，凡传世古礼器之名，皆宋人之所定也”，“宋人于古器物形制之学实远胜于近世，亦如其图谱之学，为近世所不及也”。

最后，从应用的角度来说，宋人对于金石“既据史传以考遗刻，复以遗刻还正史传，其成绩实不容蔑视也”。宋代郊庙、太庙所用的礼器很多是按照古代器物仿铸的，令金石文化真正服务于当时的社会需要。

宋代金石文化构建于这四点之上，既形成了独特的文化构架，又以其伟大的成就为中国传统文化画上了浓墨重彩的一笔。

宋代金石文化的价值

“宋自仁宗以后海内无事，士大夫政事之暇得以肆力学问，其时哲学、科学、史学、美术各有相当之进步。士大夫亦各有相当之素养，赏鉴之趣味与研究之趣味，思古之情与求新之念互相错综。此种精神于当时之代表人物苏轼、沈括、黄庭坚、黄伯思诸人著作中在在可以遇之。”在王国维看来，金石文化的发展与社会、文化各方面的发展是紧密相连的。社会稳定，人们才有了审美、思考的需求。

宋人以一种审美的心态发现金石之质美、文美、意蕴之美，并将审美的愉悦与研究的客体达到心与物融合。研究的趣味，则促使人们对客体进行深入的剖析与研究，并进行理性的思考。怀古之情，使宋人得以在一个新的高度上体味古代金石的精神内核；求新之念，则让宋人满怀热情地去开创新知。王国维将宋代文化与时代，和此前的汉唐、此后的元明清进行对比，他说：“汉唐元明时人之于古器物绝不能有宋人之兴味，故宋人于金石书画之学乃陵跨百代”，而与清代相对比，宋代“虽诸家所藏不及今日私家之富，然家数之多则反过之”。中华文明有着独特精神气质，这样的文化在不同的历史时期又呈现出不同的神韵，王国维对宋代金石文化内核的分析是深刻而精辟的。

在每个时代都会有古器物出土，宋代有大量古器物重见天日，又有学者专门搜集研究，于是形成了专门的金石学。王国维评价说：“虽谓金石学为有宋一代之学无不可也。”宋人开创的这门新学问，在中国文化史、学术史上均有突出的价值堪称学术史上的不朽丰碑。

金石之学元明有所衰落，但是到了清代，又在新的历史文化氛围中复兴起来，“可谓盛矣”。王国维又将复兴的清代金石文化与宋代作了对比，他说：“近世金石之学复兴，然于著录、考订皆本宋人成法”。此外，王国维还认为，在古器文字、古器物形制、情趣等方面，清人都不及宋人，但是，王国维对宋代金石文化的谬误之处也并未避谈，譬如“至宋人说古器铭中所见姓名事实则颇多穿凿可笑”。

王国维所处的时代政治极度动荡，却也是充满活力的崭新的学术时代。甲骨文、汉晋木简、敦煌千佛洞的六朝与唐人写本、内阁大库元明以来书籍档案，等等，一件件展示在世人面前，“而金石之名乃不足以该之矣”。自宋代兴起的金石之学，此时又有了新的转变，与其他学科综合融会，王国维的“古史新证”便是这种综合应用的典范。

谈“二重证据法”：
时代背景与个人探索

王国维与陈垣、胡适都是20世纪中国新历史考证学的奠基者，都是杰出的代表人物。他们既熟悉传统的经史典籍，又有扎实的西学功底；既传承了乾嘉学者精良的考证方法，又融合了西方近代学者治学的新理念、新方法。其中，王国维最早重视运用新史料考证上古史上的重大问题，对考证古史做出了非常伟大的贡献。

1925年，王国维提出，“吾辈生于今日，幸于纸上之材料外，更得地下之新材料。由此种材料，我辈固得据以补正纸上之材料，亦得证明古书之某部分全为实录，即百家不雅训之言亦不无表示一面之事实。此二重证据法惟在今日始得为之。”这种运用“地下之新材料”与古文献记载相互印证，以考古代历史文化的方法，在当时的学界引发了巨大反响。

疑古出新

民国时代的史学研究延续了清代的考据学传统，同时接受了西方实证主义的研究方法，以胡适和“中研院”史语所为代表的“新考据学”成为那个时代的学术主流。胡适是实用主义的宣传者与实践者，他推崇古史研究，倡导疑古主义，提出“大胆的假设，小心的求证”的治学方法。之后，罗振玉、王国维以及师承于胡适的顾颉刚和傅斯年更是将“新考据学”发扬光大的学者。

罗振玉和王国维师徒东渡日本，以清朝遗民的身份从事着整理国故的工作，后来开创了甲骨文、金文等古史的研究。当时史学界论战激烈，疑古还是信古论争不断。胡适认为："南方史学勤苦而太信古，北方史学能疑古而学问太简陋……能够融南北之长而去其短者，首推王国维与陈垣。"

"疑古""信古"所说的"古"，主要指北宋庆历以前的传统古典学。传统古典学至宋代而始疑，至近代而大疑，终于形成"疑古"思潮。

古史学大致包含两个方面：一是古史，二是古书。古史记载于古书，所以古代典籍是古史学的核心。先秦以来，每个时期都有古典学。春秋以前，有关三代历史的记述主要保存在《诗》《书》《礼》《乐》等典籍之中。随着诸侯的强盛，周天子的权威日渐衰微，到孔子的时候，《礼》《乐》已然荒废，《诗》《书》也多有散乱缺失。孔子十分痛惜，便整理六经，使之成为先秦古典学的典范。孔子对夏商周三代历史的重建，是中国历史上第一次系统的古典学重建活动。

中国历史上第二次大规模地对古典学进行重建，是西汉对先秦历史的重建。汉初废除"挟书律"后，令大量先秦典籍重见天日。这些典籍，包括民间的秘密收藏、学者口述，也有来自秦朝国家图书馆的收藏。当时的历史学家们正是利用这些文献对先秦历史进行重建的。这套古典学，一直为汉魏隋唐时期的大多数学者所遵信。

尽管宋代以前的大部分学者是"信古"的，但"疑古"的传统也是十分久远的。早在战国中期，孟子便发出"尽信书不如无书"之叹。东汉王充更对群经、诸子所载的上古史事多有责难。至唐代，刘知几干脆将自己的著作直接命名为《疑古》《惑经》，直指《尚书》《春秋》和孔子学说。到了北宋中叶，汉唐传统古典学受到严重质疑，最典型的当属欧阳修《易童子问》，针对《易传》成书、作者等问题提出了种种质疑。这种疑古思潮自宋代发起，时起时伏，至20世纪二三十年代的《古史辨》派达到顶峰。1923年，《古史辨》派领袖顾颉刚提出"层累地造成的中国古史"的著名论点，认为先秦两汉古书所载古史并不可信，都是传说罢了。

古典学的重建几乎与《古史辨》派的兴起是同时期的。1917年，王国维发表文章《殷卜辞中所见先公先王考》，证实了古书中许多被疑古派质疑为子虚乌有的记载，由此开始了古典学重建工作。其后，他又在《古史新证》中提出以"地下之新材料"印证"纸上之材料"的"二重证据法"。这一研究方法，成为其后古典学重建工作的基本原则。

学术论战时代的丰硕成果

历史学在其持续发展之中，史料范围的扩充乃是一个必然的推进过程。西汉时期，人们从孔宅旧居墙壁内拆出用先秦古字录写的《尚书》，西晋时期，河南汲郡魏襄王墓中出土《汲冢纪年》等史籍，都曾经用于研究和考订历史。在考据学兴盛的清乾嘉时期，广泛利用各种资料已经蔚然风气，钱大昕、孙星衍、王鸣盛等学者以及乾隆朝官修《西域图志》，均为利用金石文字等史料治史的实例。

《古史新证》开宗明义，展现了一种与"信古""疑古"两种相反学风都不同的态度：

研究中国古史，为最纠纷之问题。上古之事，传说与史实混而不分。史实之中，不免有所缘饰，与传说无异；而传说之中，亦往往有史实之为素地。二者不易区别，此世界各国之所同也，在中国古代已注意此事。孔子曰："信而好古。"又曰："君子于其所不知，盖阙如也。"故于夏殷之礼，曰："吾能言之"，杞、宋"不足征也，文献不足故也"。孟子之于古事之可存疑者，则曰"于传有之"；于不足信者，曰"好事为之"。太史公作《五帝本纪》，取孔子所传《五帝德》及《帝系姓》，而斥不雅训之百家言；于《三代世表》，取《世本》，而斥黄帝以来皆有年数之《谍记》。其术至为谨慎。然好事之徒，世多有之。故《尚书》于古今文外，在汉有张霸之百两篇，在魏晋有伪孔安国之书。百两虽斥于汉，而伪孔书则六朝以降行用，迄于今日。又汲冢所出《竹书纪年》，自夏以来皆有年数，亦《谍记》之流亚。皇甫谧作《帝王世纪》，亦为五帝三王尽加年数，后人乃复取以补太史公书。此"信古"之过也。而"疑古"之过，乃并尧舜禹之人物而亦疑之。其于怀疑之态度及批评之精神，不无可取。然惜于古史材料，未尝为充分之处理也。

由此可见，王国维对以孔子、孟子、司马迁所代表的传统古典学是持肯定态度的，他反对盲目信古，也反对疑古太过。从他对传统古典学的态度看，"二重证据法"的基本方向是与疑古派相悖的。事实上，在"二重证据法"指导下重建的古典学，在很大程度上恢复的正是已被疑古派颠覆的传统古典学，同时也纠正了其中的一些错误。

"二重证据法"是 20 世纪初中西学术交融和新史料大量发现刺激之下的产物，具有的强烈的时代性。时代的机遇和强烈的创造精神，令王国维在考据学方面的成就，较乾嘉前辈们更胜一筹。甲骨文、汉简等重要发现为他提供了新的史料凭借，19 世纪后期欧洲学者开始重视考古材料的运用，这样的治学方法给了他深刻的启发。王国维把自己熟悉的传统考据学的优良方法与新材料、新方法结合起来，遂能在治史观念和方法上取得重大突破，在"信古"与"疑古"之间建立起自己的一家之言。

谈西方观念与中国古籍：互相参证

陈寅恪认为王国维的三大成就之一就是，“取外来之观念与固有之材料，互相参证”而得到自己想要的信息。这种“外来之观念”，不仅被王国维用来评论《红楼梦》，并考察了宋元剧曲史，成就最大的当属在他用西方的科学方法所作的考证古史和古文字的工作。王国维早年渴望从西方哲学中寻找到真理，但康德主义、叔本华唯意志论给不了王国维想要的东西，反而是西学的科学方法对于整理中国古代史料和古文字很有用处。

以科学方法考证史料

王国维在《毛公鼎考释序》中说：

自周初迄今，垂三千年。其迄秦汉，亦且千年。此千年中文字的变化，脉络不尽可寻，故古器文字有不可尽识者，势也。古代文字假借至多。自周至汉，音亦屡变。假借之字，不能一一求其本字，故古器文义有不可强通者，亦势也。自来释古器者，欲求无一字之不识，无一义之不通，而穿凿附会之说以生。穿凿附会者非也，谓其字之不可识、义之不可通而遂置之者亦非也。今日通行文字，人人能读之，能解之。《诗》《书》、彝器，亦古之通行文字，今日所以难读者，由今人之知古代，不如知现代之深故也。苟考之史事与制度文物，以知其时代之情状；本之《诗》《书》，以求其文之义例；考之古音，以通其义之假借；参之彝器，以验其文字之变化；由此而之彼，即甲以推乙，则于字之不可释，义之不可通者，必间有获焉。

这是王国维对自己以科学方法治文字学的表述。由于秉持着科学的方法、态度，王国维在文字学方面获得的成就，远远超过了很多前代及同时代的学者。王国维认为，西方学者长于抽象、精于分类，善于用综合、分析的方法，这些科学的方法都可以应用到各种传统的学术研究中去。他对中国古文字的研究便是采用了这样的方法。

对中国古文字的研究，不是单纯地认字，靠的不是猜测和推演，而是以下这些方法：

第一，考之史事与制度文物，以知其时代之情况；

第二，本之诗书，以求其文之义例；

第三，考之古音，以通其义之假借；

第四，参之彝器，以验其文字之变化。

由此，我们便能明白王国维是怎样以科学的方法，来对中国古文字学进行研究的了。分析、归纳、综合、演绎，反复论证，终于有所发现，为中国古文字学开创出一个新时代。

引入西方学术语言的必要性

随着白话文运动在胡适、陈独秀等人的倡导下愈演愈烈，王国维则注意到由国外输入“新学语”的必要性。

王国维认为，中国传统学术用语的不足，是由中国传统思维方式造成的，这两种不足，互为因果。首先，语言是思维的外在表达，是衡量人思想状态的标准与尺度，语言与思想是一体的，不同的思维方式导致了语言，特别是学术用语的不同。他在《论新学语之输入》一文中曾发出这样的议论：

抑我国人之特质，实际的也，通俗的也；西洋人之特质，思辨的也，科学的也，长于抽象而精于分类，对世界一切有形无形之事物，无往而不用综括（Generalization）及分析（Specification）之二法，故言语之多，自然之理也。吾国人之所长，宁在于实践之方面，而于理论之方面，则以具体的知识为满足，至分类之事，则除迫于实际之需要外，殆不欲穷究之也。夫战国议论之盛，不下于印度六哲学派及希腊诡辩学派之时代。然在印度，则足目出而从数论、声论之辩论中抽象之而作因明学，陈那继之，其学遂定；希腊则有雅里大德勒自哀利亚派诡辩学派之辩论中抽象之而作名学；而在中国则惠施、公孙龙等所谓名家者流，徒骋诡辩耳，其于辩论思想之法则，固彼等之所不论，而亦其所不欲论者也。故我中国有辩论而无名学，有文学而无文法，足以见抽象与分类二者，皆我国人之所不长，而我国学术尚未达自觉（Self-consciousness）之地位也。况于我国夙无之学，言语之不足用，岂待论哉！夫抽象之过，往往泥于名而远于实，此欧洲中世学术之一大弊，而今世之学者犹或不免焉。乏抽象之力者，则用其实而不知其名，其实亦遂漠然无所依，而不能为吾人研究之对象。何则？在自然之世界中，名生于实，而在吾人概念之世界中，实反依名而存故也。事物之无名者，实不便于吾人之思索，故我国学术而欲进步乎，则虽在闭关独立之时代犹不得不造新名，况西洋之学术骎骎而入中国，则言语之不足用，固自然之势也。

因此，引入外来学术用语，就成为弥补传统学术与传统思维局限的必然选择。但“中学为体，西学为用”的思想，导致大部分中国学者缺乏对语言与思维统一性的认识。一些学者认为有了外来词语的输入，就能帮助风雨飘摇的传统文化来抵御西方文化的冲击，对语言与思想文化变革的复杂性与艰巨性都估计不足，将近代的新语冲击看得过于简单，他们或全盘音译，直接套用，忽略了相异的语言文化基础；或极力抗拒新的词汇，甚至强调传统古语意指丰富，完全可以用来对译现代概念。王国维则不然，他立足于语言的本身，从语言与思维的相关性入手，来考察新语的输入，更为客观、理性，也更加符合汉语发展的实际。

王国维生活于社会的剧烈变革之中，在政治上或许较为保守，但在学术上却建树颇丰。他在哲学、美学、文学、历史、考古、小学等领域都有深入研究，而且学术胸怀宽广，不囿于新旧、中西之争，令很多中国古籍重放光彩。鲁迅认为，王国维“才可以算一个研究国学的人”，陈寅恪则赞叹王国维的学识“博矣！精矣！几若无涯岸之可望，辙迹之可寻”。

谈古器物：将古玩变成古史

20 世纪初，是中国考古界的大发现时代。殷墟甲骨卜辞、青铜器、玉器、陶器、骨角牙器、宝石制品等珍贵文物相继出土；历史、文献价值极高的敦煌汉简、敦煌手卷等陆续公布；一些蒙古文、满文史料和外文资料被发掘利用。王国维从 1912 年后，开始将研究重心转向文字学、古器物学等，而且在各方面都取得了令人瞩目的成就。他在考证古器物方面的成就，得益于其扎实的旧学功底与科学方法，更体现出“赏鉴之趣味与研究之趣味，思古之情与求新之念互相错综”的素养，成功将古玩变成了古史。

构建可信的古代史

验证了殷商历史的甲骨文，起初不过是中药铺里一味叫作“龙骨”的药材，被古董商发现后成了稀罕的古董玩物，到了王国维、罗振玉这样的学者手中便成了无价的历史文献。甲骨文的发现，将中国有文字记载的历史向前推进了 1000 年，颠覆了过去“东周以上无史”的说法，也是对一些外国学者“中国文明只能上溯到 7~8 世纪”错误观点的有力回击。

甲骨上所记载的都是当时通行的文字，以此与其他史籍互证，证明了内容的可信性，所以王国维就以卜辞的记录来校勘史籍上的记述。在《殷卜辞中所见先公先王考》中，他通过卜辞考订了商王谱系，并探讨了商周时期的历史与典章制度，既纠正了《史记》的个别错误，也证明了《史记》的确是一部信史。

甲骨卜辞、汉晋简牍、敦煌文书以及各种青铜器、碑帖、字画、古籍，到王国维手里通通成为或改写历史或还原史实的重要“实证”。

在《简牍检署考》中，他完整系统地说明了纸张发明之前国人的书写方式;《流沙坠简》是我国第一部以出土文物为依据写成的，成为研究汉代制度与西北地理的学术专著;《鬼方、昆夷、猃狁考》则是王国维用彝器、拓本、传世文献互证，来考释先秦古史的杰出成果。

对古器物的考证

在研究宋代金石学时，王国维总结出了数条宋代金石文化的不足。譬如，在考释金石文字不知存疑，对器物上文字必字字释之，因此便无法避免地出现了牵强附会的情况；好古、思古对考释工作的确有一定的促进作用，但如果过分则会失去客观的立场。“古来新学问起大都由于新发见”，所以王国维对新出土的文物特别关注。

王国维作《说斝》《说觥》《说盉》《说彝》《说俎》等文章，剖析了被宋、清学者所忽略的错误之处，并阐述了自己全新的见解。另外，对于吉金诸器的考察，前人偏重于文字的释读以及对器物形制的研究，而忽略了对器物年代的考证及由器物本身推论古代文化、考知古代史迹的方面。王国维向新的研究方向作了诸多努力，比如其所作的《生霸死霸考》《观堂古金文考释五种》等。王国维认为，在新的时代应充分拓展甲骨文、金文的研究，指出除甲金以外的陶、玺印、货币、兵器等也具有研究价值，他说，这“四者正今日研究六国文字之惟一器值材料，甚为重要，实与甲骨彝器同”。王国维在积极开拓甲金文字的研究同时，又揭示六国文字也就是战国文字研究的新领域，表现出他作为一代名家特有的学术敏感和远见。

王国维对于青铜器定名考订的佳作《说斝》《说觥》等，堪称近人研究和考证青铜器命名的典范。在《说斝》一文中，王国维考证出，古人有将“斝”误当作“散”字的。他对此作出了纠正，说:“斝为爵之大者，故名曰斝。斝者，假也，大也。古人不独以为饮器，又以为灌尊。”在《说觥》一文中，王国维谈了对酒器的命名，他指出:“凡传世古礼器之名，皆宋人所定也，曰钟，曰鼎、曰鬲、曰甗、曰敦、曰簠、曰簋、曰尊、曰壶、曰盉、曰匜、曰韩，皆古器自载其名，而宋人因以名之者也。曰爵、曰觚、曰觯、曰角、曰斝，古器名辞中均无明文，宋人但以大小之差定之，然至今日，仍无以易其说。”意思是说，宋人对古代器物的命名是根据大小来判定的，所以就会有名不副实的情况出现。王国维考证出，阮文达收藏的子燮兕觥，并非真正的“觥”，而应该属于“角”器。进而他考证出，从宋代以后，被叫作“匜”的有两种样式，一种“器浅而钜，有足而无盖，其流狭而长”，另一种“器稍长小而深，或有足，或无足而有盖，其流侈而短，盖作牛首形”。王国维认为后面这种所谓的“匜”，其实应该是兕觥。

从王国维的研究中我们可以看出，他既不盲目信古，也不过分疑古，这样的治学精神是永远值得人们学习的。有人评价王国维的在考证历史时，是“以旧史料释新史料，复以新史料释旧史料，辗转相生”。新旧材料不可偏废，这是王国维的治学态度，也是他一切研究的立足点。